상사는
내 감정을 존중하지 않는다

상사는
내 감정을
존중하지 않는다

초판 1쇄 인쇄 2019년 2월 18일
초판 1쇄 발행 2019년 2월 25일

지은이 | 최헌
펴낸이 | 김의수
펴낸곳 | 레몬북스(제 396-2011-000158호)
주 소 | 경기도 고양시 일산서구 중앙로 1455 대우 시티프라자 802호
전 화 | 070-8886-8767
팩 스 | (031) 955-1580
이메일 | kus7777@hanmail.net

ISBN 979-11-85257-76-1 (03320)

※ 잘못 만들어진 책은 구입처에서 교환 가능합니다.

이 도서의 국립중앙도서관 출판예정도서목록(CIP)은 서지정보유통지원시스템 홈페이지
(http://seoji.nl.go.kr)와 국가자료종합목록시스템(http://www.nl.go.kr/kolisnet)에서
이용하실 수 있습니다. (CIP제어번호 : CIP2019003038)

무례한 사람들로부터 내 감정을 지키는
7단계 감정 정리법

상사는
내 감정을 존중하지
않는다

최헌 지음

레몬북스
lemon books

 감정코칭연구소를 운영하기 전, 오랫동안 직장인으로 살아온 나에게 직장은 애증의 공간이며 직장인 또한 애증의 대상이었다. 직장은 내가 나의 삶을 유지할 수 있도록 여러 가지 기회를 제공해 주었지만, 동시에 나를 성장시키는 데 많은 어려움을 주기도 했다. 마찬가지로, 직장에서 다양한 사람들과 즐거운 시간도 많았지만, 동시에 직장이기 때문에 어쩔 수 없었던 별별꼴도 많이 보았다.

 이 책은 감정코칭에 관한 나의 세 번째 책이다. 그동안 감정코칭연구소를 찾아온 이들 중에는 유독 과거의 나와 같은 워킹맘과 직장인들이 많았다. 그래서 이번에는 특히 이들로부터 받았던 질문들과 그때그때 코칭을 통해 나누었던 이야기를 정리해 보고자 했다. 혹시 나와 감정코칭연구소를 만나기 전의 직장인이라면, 직장인의 감정코칭에 대해 궁금했던 이라면, 이 책이 나보다 먼저 마중 나갈 것이다.

어느 누구보다 지금, 이 페이지를 넘기고 있는 당신을 마음 깊은 위로와 동지애로 두 팔 벌려 환영한다. 하지만 제목만으로 이 책의 전부를 판단하고 짐작하려고 했다면 아직은 살짝 이르다. 이 책은 단순한 위로와 공감으로 그치지 않는 더 깊은 이야기와 실제 감정코칭 과정에서 진행한 구체적인 실행 방법을 제시한다. 하나하나 내용을 통해 반드시 직접 확인하길 바란다.

감정코칭에 처음 관심을 갖는 이들이 궁금해하는 것 중 하나는 '지금 자신이 감정코칭을 받아도 되는지 알고 싶다'는 것이다. 덧붙여, 뭔가 거창한 마음의 준비를 해야 하거나 자신의 치부를 하나하나 드러내며 민망한 순간을 겪어야 하는 건 아닌지 고민하기도 한다. 간단히 말하자면 감정코칭은 누구나 부담 없이 시작할 수 있는, 진정한 자기 발견과 자기계발의 시작이다. 이 책의 본문 내용 중 일부를 추가하자면 다음과 같다.

감정코칭은 이처럼 다양한 인생의 순간에 필요하다. 건강한 몸을 위해 운동이나 다이어트를 시작할 때가 따로 있지 않다. 마찬가지로 내가 마음먹은 그 순간이 감정코칭을 시작할 순간이다. 지금 시작하면 지금부터 변할 수 있고 지금부터 행복할 수 있는데 일부러 미뤄 둘 필요는 없다. 지금 시작하고 지금부터 행복하면 된다.

감정코칭을 통해 과거는 과거로 잘 정리되어 남게 되고, 현재는 단순하게 즐기며, 미래는 내가 원하는 것으로 이루어진다. 내가 가장 편안하게 내 삶을 누리는 것이다. 자기계발의 진정한 목표도 그렇지 않은가. 감정코칭이 진정한 자기계발이 되는 이유다.

또한, 감정코칭연구소 대표코치로서 내가 무슨 일을 하는지를 궁금해하는 이들에게는 이렇게 이야기한다. 누구나 볼 수 있도록 감정코칭연구소 카페에도 있는 그대로 올려 두었다. 하지만 이 자리를 빌려 나 자신과 모두에게 한 번 더 들려주고 싶다.

"나는 의사도 심리학자도 아닙니다. 나는 힘든 과거를 보내며 직접 경험하고 깨달은 것을 전하는 '소명을 실천하는 사람'입니다. 나는 마른 지식이 아닌 깨달음이 녹아든 경험으로 감정코칭연구소 식구들과 함께 뛰고 움직이며 날마다 앞으로 나아가는 '코치'입니다.

나는 예전의 나와 같은 이들을 누구보다 잘 알기에 듣기 좋은 말보다 하기 힘든 말을 꺼내고, 먹기 좋은 사탕보다 몸에 좋은 밥을 먹이고, 보기 좋은 이론보다 몸을 쓰는 실행으로 매 순간 살아 있는 '코칭'을 합니다.

나의 소명은 단순하고 명확합니다. 나를 만나는 이들이 인생을 편안하게 살기를 바랍니다. 불필요한 걱정과 고민 대신 진정으로 원하는 것을 찾아 집중하고 이루며 성취감을 누리며 살기를 원합니다. 나는 이런 나의 소명을 실천하는 코치이고 그래서 날마다 코칭을 합니다. 이것이 나와 감정코칭연구소의 시작이고 끝이고 전부입니다."

감정코칭연구소 대표코치

최헌

차 례

프롤로그 • 004

PART 1

나는 왜 사소한 일에도 상처받을까?

1-1 나는 왜 사소한 일에도 상처받을까? • 012
1-2 오늘도 회사 가기 싫은 날 • 018
1-3 쉬운 사람이 쉽게 상처받는다 • 026
1-4 사람 좋다는 말에 속지 마라 • 034
1-5 때로 칭찬도 독이 된다 • 040
1-6 나에게 하는 말이 내 감정을 결정한다 • 048
1-7 나만 힘들다는 착각에서 벗어나라 • 054
1-8 회사는 내 기분을 살피지 않는다 • 060

PART 2

불안감, 두려움과 정면으로 마주하기

2-1 겉으로 보이는 게 전부가 아니다 • 068
2-2 질투의 밑바닥에 두려움이 있다 • 076
2-3 피한다고 해결되지 않는다 • 083
2-4 자존감 도둑은 따로 있다 • 090
2-5 자기 비난의 늪에서 빠져나와라 • 098
2-6 행동하면 불안감은 사라진다 • 105
2-7 잘나가지 않아도 괜찮다 • 112

PART 3

나쁜 감정에 휘둘리지 않는 7단계 감정 정리법

3-1 감정도 디톡스하라 • 120
3-2 혼자 있는 시간을 가져라 • 128

3-3 순간적인 감정에서 한발 물러서기 • 136
3-4 불필요한 감정 가지치기 • 142
3-5 문제가 해결된 나 상상하기 • 150
3-6 감정 일기로 하루 정리하기 • 158
3-7 진짜 나쁜 감정은 없다 • 166

PART 4
저절로 자존감이 높아지는 자존감 셀프 코칭법

4-1 내 마음이 보내는 신호 알아차리기 • 174
4-2 사소한 감정에 목숨 걸지 않는다 • 180
4-3 말투를 바꾸면 감정이 달라진다 • 186
4-4 모두가 나를 좋아할 이유는 없다 • 192
4-5 바쁠수록 나의 감정부터 챙기기 • 199
4-6 나만의 감정 되찾기 • 205
4-7 완벽하지 않아도 충분히 괜찮다 • 213
4-8 진짜 나를 만나는 10가지 질문 • 219

PART 5
감정코칭, 지금 시작해도 늦지 않다

5-1 감정코칭, 지금 시작해도 늦지 않다 • 230
5-2 지금 감정코칭을 시작해야 하는 이유 • 236
5-3 마음의 근육을 키워라 • 242
5-4 모든 문제에는 답이 있다 • 248
5-5 진짜 나와 만나는 시간, 감정코칭 • 254
5-6 지금 나부터 행복하라 • 260
5-7 월요일이 사라졌다 • 267

PART 1

나는 왜 사소한 일에도
상처받을까?

EMOTIONAL COACHING

나는 왜 사소한 일에도 상처받을까?

"요즘 회사 일이 그렇게 많아? 어떻게 하루도 안 빼놓고 야근이야."

"엄마, 나 회사 다니기 힘들어요."

이때부터였다. 평소 같으면 엄마의 질문에 '그냥 그냥' 넘어갔을 텐데, 지칠 대로 지친 오늘은 나도 무슨 말이든 하고 싶었다. 그래서 나도 모르게 '힘들다'고 내뱉는 순간, 모든 것이 달라졌다. 엄마는 갑자기 눈물을 글썽이며 "그러게 왜 그렇게 머리 쓰는 힘든 일을 한다고 해 가지고 이 고생이냐"며, "내가 너 어릴 때부터 선생님 하면서 편안하게 지내라고 그렇게 이야기했는데"로 이어지더니 마침내 당신이 목 놓아 울기 시작했다.

정작 그렇게 울고 싶은 건 나였는데. 그렇게 보란 듯이 울지 못해 미칠 것만 같았다. 그리고 내 안에 또다시 떠오르는 말들. '나는 엄마 앞에서 저렇게 울어 본 적이 없는데 엄마는 나한테 왜 그럴까. 왜 내 생각은 안 해 주나. 거봐. 나는 엄마 앞에서도 울면 안 되는 사람이네. 누가 내 우는 모습을 봐주겠어. 역시, 아무도 없어.'

사실 나에게 회사 생활보다 더 힘든 건 힘들다는 한마디조차 마음 놓고 할 수 없다는 것이었다. 회사에서는 물론이고, 친구들한테도 내가 힘들다는 이야기를 해 본 기억이 없다. 그나마 용기를 낸 상대가 가족, 그중에서도 엄마였는데, 엄마의 눈물과 그때의 표정은 이후로 내 입을 완전히 닫게 만들었다. 그 후론 언제 어디서나 "괜찮아요.", "내가 알아서 할 테니까." 같은 목적어도 불분명한 말만 반복했다. 도대체 뭐가 괜찮고, 뭘 알아서 한단 말인가?

아무도 내 이야기를 들어주는 사람이 없다. 상처받았는데 상처받았다고 말하지 못한다. 상처 자체보다 그것을 누구에게도 어디에서도 털어놓을 수 없는 것이 더 큰 상처가 된다. 이는 내 머릿속에 항상 남아 일상을 지배하며 순간마다 상처를 더해 갔다. 상처는 그 자체로 한 번, 혼자 하루 종일 그 상황을 곱씹으면서 또 한 번 반복된다. 하루에도 몇 번이고 반복 재생이 가능하다.

다른 사람들이 나를 이해하지 못하는 것은 너무나도 당연하다. 마음의 여유가 없는 이들이 다른 사람들의 이야기를 듣기 거북해하는 것도 이제는 충분히 이해가 된다. 지금의 나는 그런 이들에게 내 이야기를 구구절절 일일이 해야 할 필요조차 느끼지 못한다. 하지만 그때는 누구든 다른 이들에게 이야기해야만 내 안의 답답한 것들이 풀린다고 생각했다. 내가 상처받고 그것을 감당하기 어려운 이유가 다른 이들과 나누지 못하기 때문이라고만 여겼다.

주변을 둘러보면 다들 그냥 좋게 좋게 잘만 지내는 것 같다. 자신이 힘들다는 이야기도 주저 없이 꺼내고, 대놓고 나를 위로해 달라고도 한다. 그 자리에서는 나도 몇 마디씩 거들며 상대방의 기분이 좋아질 만한 말들을 떠올리기에 여념이 없다. 그렇게 집으로 돌아올 때면 비참한 기분은 몇 배로 더했다.

'나도 이야기하고 싶다고! 내 이야기도 들어 달라고! 왜 나만 위로해 주고 왜 나만 당신한테 듣기 좋은 이야기를 해야 하는데! 왜! 왜!'

소리 없는 아우성이 폭발할 지경에 이르고, 남들 앞에서 아무렇지 않았던 나는 아무도 없는 곳에서 옷도 갈아입기 전에 그대로 주저앉아 꺼억꺼억 소리 내어 울고 만다.

나는 왜 사소한 일에도 상처받는가? 누구도 사전에 그 모든 것들이 상처라고 정해 준 사람은 없다. 다른 사람들은 아닌데 나만 상처받는 듯한 느낌도 그 때문이다. 그 상처는 오직 나에게만 해당된다. 나와 같은 이들이 있다는 사실로 공감을 얻고 싶긴 하겠지만 사실 내 상처는 나의 것 하나뿐이다. 비슷한 일은 겪을 수 있지만 결국 각자 해석하고 받아들이기에 따라 어느 것도 같은 것은 없기 때문이다.

내 경우 나의 이야기를 들어주는 사람이 없다고 믿었고, 그것이 무엇보다 중요하다고 여겼기 때문에 상처받았다. 이는 누군가와 이야기를 할 때마다 상처받았다는 뜻이기도 하다. 내가 다른 이들의 이야기를 들어주는 데 엄청난 에너지를 사용하고 무엇보다 중요하게 여겼기 때문이다. 그래서 나는 그렇게 집중하고 나의 온 힘을 다해 듣고 공감하고 위로하는데 그만큼, 아니 그의 반의반만큼도 나에게 해 주는 이가 없다고 여기는 순간 세상에서 가장 불쌍한 사람이 되어 버렸다.

　그날도 역시 '사실은 나도 저런데, 나도 같은 처지인데'라고 생각만 하면서 말 한마디 하지 못하고 상대방의 이야기를 들어주면서 쉴 새 없이 내 상처를 반복하던 참이었다. 그런데 이게 웬일인가? 상대방이 갑자기 "너는 어떤데?"라고 물어봐 준다. 놀란 나머지 간신히 "나도 그렇지 뭐." 한마디 하고 말을 이어 가려는데 갑자기 얼굴이 달아오른다. 설마 지금 나에게 진짜로 물어볼 줄은 몰랐던 것이다. 이야기하지 못할 것이라는 생각만 가득했지, 정작 이러이러한 이야기를 하고 싶다고는 한 번도 제대로 떠올려 본 적이 없었던 것이다. 그렇게 얼굴이 달아오르는 느낌과 함께 머뭇거리는 사이 상대방은 다시 자신의 이야기를 시작하고 말았다.

　나도 아무렇지 않은 듯 편안하게 웃으면서 내 이야기를 시작하고 싶다. 그러나 현실은 뭔가 이야기를 이어 나가려면 자꾸만 얼굴이 굳어지고 정색하게 된다. 미간이 쭈그러드는 느낌, 입꼬리가 굳는 느낌에 신경 쓰여 더 이상한 표정이 될 것만 같다. '나는 왜 능숙하게 받아치지 못할까, 나는 왜 얼굴에 기분이 그대로 드러날까.' 싫다. 싫다. 싫은 것투성이다. 그리고 또다시 상처, 상처, 상처의 반복뿐이다.

내가 상처받는 이유는 '남들처럼'이라는 보이는 기준에만 집착했기 때문이다. TV나 영화 속 주인공들이 하는 듯한, 이른바 '드라마 퀸' 같은 이들이 하는 말과 행동만을 동경했다. 그런 극적인 연출이 되지 않는 나를 내가 부끄러워했다. 마치 연예인들의 주먹만 한 얼굴 크기를 기준으로 내 얼굴을 머리카락과 모자, 마스크로 온통 가리고 눈만 빼꼼히 드러내고 있는 듯한 모습이다. 그리고 쉴 새 없이 굴러가는 눈동자는 주위만 살핀다. 혹여 누가 내 머리를 크다고 하지 않을까 온통 주변의 시선에만 집중한 나머지 이렇게 추운 날씨에 맨발에 슬리퍼 차림으로 나와 있다는 것조차 보이지 않는 것과 마찬가지다. 누군가 내 맨발 차림에 놀라거나 안타까운 표정을 지으면 '역시 내 머리가 커서'라며 잔뜩 움츠러든다.

고백하자면 나는 그 상처를 즐기기도 했다. 겉으로 보기에 전혀 즐거워 보이지는 않았겠지만, 사실 나는 그 자체를 즐기고 있었다. '나는 상처받은 자'라는 피해의식이 묘한 우월감을 주었기 때문이다. 나는 이렇게 상처가 많은 '사연 있는 사람'이라는 자의식 과잉에

만족했다. 이것이 나를 독하게 이끄는 원동력이라며 어딘가에 끄적인 것도 같다.

　사소한 일에도 상처받고 있다고 느낀다면 상처의 정체부터 밝혀보자. 그 상처라는 것이 존재는 하는지 도대체 어떻게 생긴 것인지, 얼마나 크고 깊은 것인지 정확하게 확인하는 것이다. 막연히 '상처는 상처', '모든 것은 상처'라는 식으로는 아무것도 달라지지 않는다. 말도 안 되는 말장난에 놀아나기 전에 두 눈을 뜨고 있는 것부터가 시작이다.

　상처는 내가 받기로 결정해야 받는다. 내가 상처로 정의하지 않는 공식적인 상처라는 것은 존재하지 않는다. 내가 정의하지 못한 채 버려둔다면 모든 것을 기준 없이 무조건 상처로 받게 될 뿐이다. 예전의 나처럼 누구에게도 말하지 못했지만 혼자만의 '상처받은 자의 드라마'를 즐기는 것까지도 포함한다.

　정체 없는 상처에 고통받는 일상은 이쯤에서 접어 두자. 아직 어딘가로 던져 버릴 수 없다면 일단 접어 두자. 거기가 내 시작점이다. 그거면 충분하다. 내가 접어 둔 그곳은 인생의 책 중 수많은 책갈피 중 하나로 머지않아 색이 바래고 기억도 나지 않는 페이지로 남을 테니. 한 번밖에 읽을 수 없는 책이라면 해피엔딩을 향해 책장을 넘길 시간이다.

오늘도 회사 가기 싫은 날

"출근하자마자 퇴근하고 싶다."

오늘도 직장인들은 아침부터 '퇴근병'에 시달린다. "왜 그러냐"라고 물으면 지체 없이 "스트레스 때문"이라고 한다. 우리는 하루에도 몇 번씩 '스트레스'를 이야기하지만 정작 "스트레스가 뭔데?"라고 물으면 "스트레스는 스트레스"라는 알 수 없는 대답을 반복하기가 쉽다.

다양한 분야에서 정의한 내용을 종합하면 스트레스는 '예상치 못한 자극, 기대하지 않은 자극'이라고 줄여 말할 수 있다. 여기에는 다양한 강도가 있을 수 있다. 가까운 이의 사망이나 실직 등과 같은 강도 높은 자극도 있을 것이고, 쉽게 흘려보내고 기억나지 않는 정도의 스트레스도 있다. 우리가 직장 생활 중에 받는 스트레스는 이들의 중간 어딘가에 다양하게 분포해 있을 것이다.

이러한 직장 생활 스트레스의 원인은 크게 다음과 같이 두 가지 기준에서 찾아볼 수 있다.

첫째는 외부 원인이다.

외부 원인은 직장 생활을 구성하는 가장 큰 2개의 축, 사람과 일이다. 상사의 잔소리, 자꾸만 지적하고 무안하게 하는 말투가 거슬린다. 동료나 후배들과도 터놓고 지내기 어렵다. 서로 경쟁하고 눈치가 보이니 나의 부족한 모습을 조금이라도 드러내면 곧 나의 약점이 되어 스스로를 괴롭게 만들지도 모를 일이다.

외부 고객과의 관계는 더욱 어렵다. 예전보다 나아지고 있다고는 하지만 여전히 '고객을 왕처럼 모셔야 한다'는 발상을 전제로 하는 경우가 많아, 동등한 관계에서 일하기보다 이른바 갑을이 되어 '갑'이라는 존재만으로 스트레스를 받는 경우도 적지 않다. 의견이 충돌하거나 나의 의도와 다른 결과물에 대한 피드백을 받게 되면 가슴 깊은 곳에서 뭔가 치밀어 오르기도 한다. 좋은 의도로 시작한 일이 서로 얼굴을 붉히고 감정을 억누르다가 엉뚱한 곳에서 폭발하는 식으로 반복되는 것이다.

인간관계와는 별개로 일 자체가 스트레스를 주는 경우도 많다. 함께 일하는 사람들은 참 좋은데, 절대적인 업무량이 많아 그 좋은 사람들과 몇 주, 몇 달간 야근과 주말 근무에 시달리는 경우도 있다. 같이 일하는 사람들이 좋아서 참고 견디기도 하지만 이런 상황이 계속되는 한 결국 누적된 피로와 사생활이 사라지는 상실감에 직장을 그만두는 경우도 적지 않다.

둘째는 내부 원인이다.

의미로만 보면 스트레스 그 자체로는 별다른 효력이 없다. 이러한 자극에는 '반응'이 따라야만 효력이 생긴다. 반응 없는 자극은 자극이 아니다. '자극'이라는 말 자체가 이미 반응을 전제로 한다. 특정 자극을 받았다고 해서 모두가 동일하게 반응하는 것은 아니다. 똑같은 일에 대한 '해석'이 다르기 때문이다. 그래서 우리가 부르는 스트레스라는 것도 개인마다 느끼는 영역과 정도는 모두 다르다. 거기엔 개인의 타고난 성향과 현재 자존감의 상태가 작용한다.

먼저 타고난 성향부터 살펴보자. 상대적으로 느긋하고 막연하게 상황을 즐기는 이가 있는가 하면, 명확하게 눈에 보이지 않으면 즉시 불안감을 느끼는 성향도 있다. 다른 이들과 함께 있을 때 더욱 안정감을 느끼는 이도 있고, 혼자 있을 때 편안하고 자유로운 성향도 있다. 이는 어느 것이 더 좋고 나쁘고를 의미하는 것이 아니다. 타고난 성향에 따라 다른 반응을 보일 수 있다는 것이다.

다른 하나는 자존감이다. 사전에서 자존감(自尊感)을 찾아보면 '스이게 어디서 개수작을…

집에 가고 싶다.
지금도 아무것도 하지 않지만
더 격렬하게 집에 가고 싶다.

스로 품위를 지키고 자기를 존중하는 마음'이라고 되어 있다. '스스로 품위를 지킨다'는 것은 어떤 의미일까. 자존감의 핵심은 '스스로'다. 다른 이들이 붙여 준 이름을 품위라 할 수는 있겠지만 스스로 지키지 않는 한 자존감이 될 수 없다. 다른 이들이 붙여 준 이름을 스스로 인정하고 받아들이지 못하면 아무 의미가 없는 것이다.

다음은 '자기를 존중하는 것'이다. 나만의 고유한 영역이 있음을 분명히 하고 그 영역을 예외 없이 1순위로 해야 한다. 다른 이들의 의견과 외부 상황에 따라 이랬다저랬다 하면서 내 순위를 이리저리 바꿔 버리는 것은 아무 의미 없는 존중이다.

자존감의 기초가 부실한 경우 일을 하면서 받게 되는 다양한 스트레스에 상대적으로 더 취약할 수밖에 없다. 내가 내 목소리를 듣는 데 익숙하지 않고 나를 믿지 못하기 때문에 다른 이들의 말과 행동에 더 쉽게 영향을 받고 휘둘리게 된다.

이처럼 외부 요인과 내부 요인이 결합했을 때 직장 생활의 스트레스에 다양한 반응을 보이게 된다. 반응은 내가 통제하지 못한 상태에서 나타나는 현상이다. 나의 의도와 관련 없이 나타나는 경우가 많다는 뜻이기도 하다. 우리가 '스트레스'라고 부르는 것들을 들여다보면 대부분은 나의 통제력이 미치지 못한 상황을 받아들여야 하는 데서 오는 경우가 많다. 나의 통제력이 미치지 못하는 공간, 내 의도대로 조절하지 못하는 상황이 가장 많이 발생하는 곳이 바로 회사 아닌가. 그래서 오늘도 우리는 유독 '회사'만 가기 싫어진다.

2018년 3월《동아일보》기사 '직장 4년 차, 몸과 마음이 무너졌다'에서도 과도한 업무로 몸에 이상이 생기고, 감정 조절이 힘들어져 길을 가다 마주친 행인과 싸우거나, 출근을 앞두고 갑자기 눈물이 쏟아져 공황 상태에 빠지기도 한 직장인의 사례를 볼 수 있다.

단순히 업무가 많아서 감정 조절이 힘들어졌을까? 앞서 이야기한 것처럼, 많은 업무를 정해진 시간 내에 해야 한다는 부담감, 잘해낼 수 없을지 모른다는 두려움부터 엄습해 왔을 것이다. 무엇보다 그렇게 긴 시간 동안 자신의 생각이나 감정과 상관없이 시키는 일을 해야 하는 자괴감, 자신의 영향력이 어디에도 미치지 못한다는 무력감이 반복되지 않았을까. 그것이 죄 없는 행인과의 싸움을 부르고, 출근을 위해 자신을 억지로 이끌어야 하는 상황에 대한 반작용으로 공황 상태를 부르게 되는 것이다.

누군가는 '다들 다니는 직장, 가고 싶어도 못 다니는 회사'에 다니는 걸 감사하라고 할지도 모른다. 배부른 소리고 고생을 안 해 봐서 그런다며 혀를 찰지도 모르겠다. 그건 내가 앞서 이야기한 외부 요인만, 그중에서도 극히 일부만 보고 하는 이야기에 불과하다. 요즘 사람들이 옛날보다 약해진 것이 아니다. 더 많은 정보에 노출되며 예전보다 무방비 상태에서 스트레스 상황을 겪을 변수와 가능성이 훨씬 커졌다. 조금만 방심해도 목숨이 위태롭거나 전 재산을 잃을 만큼 아슬아슬한 환경이라는 건 수많은 기사가 입증하고 있지 않은가.

그만큼 내부 요인 관리가 더 중요한 시대다. 외향적으로는 각종 법률 규제로 기본적인 인권에 대한 부분은 많이 나아졌다고 하나 드러나지 않는 더 강한 무언의 압박은 여전히 존재한다. 아이가 어두운 얼굴로 "학교 가기 싫어"라고 하면 부모는 덜컥 걱정부터 된다. 우리 아이가 왕따라도 당하는 건 아닌지, 선생님이 우리 아이만 미워하는 건 아닌지, 그것도 아니면 나도 모르는 더 엄청난 문제가 있는 걸까, 온갖 것들이 머릿속을 순식간에 가득 채운다. 하지만 성인이, 부모가 "나 오늘 회사 가기 싫어"라고 하면 들은 척도 안 하고 "무슨 소리야. 그러다 또 지각한다. 얼른 나가"라고 하며 등 떠밀어 내보내고 다시는 기억도 못 할지 모른다는 것이다.

어른도 '회사 가기 싫은 날'이 있다. 단순히 하루 투정 부리고 싶은 거라면 차라리 귀엽다. 충분히 그럴 수 있고 그러면 또 어떠랴. 하지만 정말로 '오늘도' 회사 가기 싫은 날이라면, 계속해서 이런 날들의 연속이라면 더 늦기 전에 직장인 어른이도 살펴 줘야 한다. 아이와 차이가 있다면 부모가 아닌 스스로 알아차리고 살펴야 한다는 것, 내가 나의 부모가 되어야 한다는 것이다. 다른 이들과의 관계가 문제인지, 업무가 적성에 안 맞기 때문인지, 혹시 건강이 나빠져서

의욕이 사라지고 있는 것은 아닌지 들여다봐 주는 것이다. 이렇게 내가 나를 이리저리 지켜보고 들여다봐 줄 때 내 아이, 회사 가기 싫은 내가 나를 믿고 이야기를 시작할 것이다. 그 이야기를 하나하나 듣기 시작하는 것에서부터 새로운 마음의 문이 열린다.

쉬운 사람이 쉽게 상처받는다

감정코칭연구소를 찾아온 20대 후반의 A는 회사에서 사람들이 자신에게 왜 그러는지 아직도 잘 모르겠다고 했다. 입사한 지 1년이 갓 넘은 A는 얼마 전 도망치듯 회사를 그만뒀다. 요즘같이 취업하기 힘든 때에 어렵게 들어간 회사니만큼 오래오래 다니고 싶었다. 하지만 A는 '도저히 참을 수 없을 정도'였다고 한다. 무엇이 A를 그렇게 힘들게 했을까?

A는 중소기업이지만 탄탄해 보이는 곳에 동기 세 명과 함께 입사했다. A는 홍보팀이었고 다른 두 명은 영업팀이었다. 홍보팀장은 본인도 영업팀에 있었는데 이번에 새로 홍보팀이 생기면서 팀원을

뽑게 되었다며 홍보에 대해 제대로 배울 수 있을 것이라 했다. 그러면서 A가 제출한 이력서의 여러 가지 내용을 확인하면서 "기사 작성은 할 수 있나?", "홍보란 무엇이라고 생각하나?" 등등 여러 가지를 물어보기도 했다.

홍보팀은 신생 팀이어서 별다른 오리엔테이션도 없이 영업팀 한쪽 구석에 자리를 잡았다. 팀장은 아직도 영업팀인 듯 그쪽 업무를 같이 하고 있었고 다른 영업팀원들과도 허물없이 지내는 것 같았다. 심지어 새로 입사한 영업팀원들과도 벌써 같이 이야기를 나눌 정도였다. A도 얼마 뒤면 자신도 저렇게 함께 어울리며 편하게 일할 수 있을 것이라 믿었다.

며칠 후 영업팀장이 갑자기 몇 백 장 되는 안내장과 봉투를 가져와서 A에게 하나씩 접어 넣고 붙이라고 했다. 한 장 한 장 접고 넣기를 반복하는데 좀처럼 줄어들 기미가 보이지 않는다. 그래도 두 시간쯤 하고 나니 손에 익어서 나아진 것 같았다. 그사이 홍보팀장은 점심 약속이 있다며 미리 나갔고 영업팀장은 A의 동기들을 포함한 영업팀원들과 함께 좀 전에 우르르 몰려 나갔다. A는 뜻하지 않게 혼자 점심을 먹게 되었다.

점심시간이 끝난 뒤 돌아온 홍보팀장은 A를 흘깃 보더니 모른 척 자신의 자리로 돌아갔다. 뒤이어 들어온 영업팀장은 봉투 하나를 들어 열어 보고는 A에게 다짜고짜 소리를 높였다. "이걸 이렇게 넣으면 어떡해! 4등분이 아니라 3등분! 노란 종이를 가운데 끼워서 접어야지!"그는 마치 A가 일부러 작정을 하고 일을 망치기라도 한 듯 나무라기 시작했다. 뭐라 대답할 새도 없이 자신의 자리 앞에 A 를 세워 두고 몇 분 동안이나 계속해서 똑같은 말만 반복했다.

A는 이런 상황이 처음이라 당황에서 잔뜩 움츠러들었다가 간신 히 고개를 들었는데 1미터도 안 되는 거리에 있는 사람들조차 귀를 막은 듯 아무것도 들리지 않는 모습으로 태연히 자신의 일을 하고 있었다. 영업팀장이 또다시 소리쳤다. "노란 종이는 어디다 빼먹은 거야?" A는 어안이 벙벙했다. 노란 종이는 애초에 받은 적이 없었 다. 혹시 본인이 잘못 알고 빠뜨린 건가 싶어서 말을 잇지 못했다. 영업팀장은 "뭐야. 왜 또 갑자기 말을 안 해?"라고 하더니 주위를 두 리번거렸다. 그러다가 자신의 책상 옆 보조 의자 위에 올려진 종이 뭉치를 들더니 "여기 있잖아, 여기! 이거 갖다가 다시 넣으라고!" 했 다. 누가 보면 A가 일부러 놓고 간 줄 알 정도였다. A도 본인이 잘못 들었나 싶었으니 말이다.

충격적인 것은 홍보팀장 또한 똑같이 외면하고 있었다는 사실이 다. 자신의 팀원이 그런 상황에 놓여 있는데 아무것도 보이지도 들 리지도 않는 듯 자신의 일만 하고 있었다. 눈길 한 번 주지 않았다. 오히려 퇴근 시간이 되자 말도 없이 혼자 퇴근하기까지 했다.

A는 본인이 아직 업무에 미숙해서, 회사 돌아가는 상황을 몰라서

그런 것이라 생각했다. 조금만 익숙해지면 자신도 다른 이들처럼 태평하게 자신이 할 일만 하며 지낼 수 있으리라 믿었다. 하지만 한 달, 두 달, 석 달째도 똑같았다. 오히려 갈수록 다들 A에게만 짜증스러운 듯이 이야기하는 것이 느껴졌다. 제대로 설명도 해 주지 않고는 마감 시간을 재촉하고 결과물을 보며 퉁명스럽게 이게 아니라고, 이것도 제대로 못 하냐고 하는 것이다. A는 계속해서 좀 더 열심히 하면 자신의 노력을 알아줄 것이라 기대했지만 기대와는 달리 자꾸만 위축되는 자신을 발견했다. 의식하지 않으려 해도 이제는 새로운 업무가 있을 때마다 더욱 움츠러들게 되고 그럴수록 의도치 않은 실수가 반복되었다. 게다가 홍보팀 업무가 아닌 다양한 팀의 갑작스럽고 잡다한 일들을 처리하느라 성취감은커녕 존재감마저 희미해질 정도였다. A는 어디서부터 잘못된 건지 영문도 모른 채, 그렇게 점점 아무렇게나 대해도 되는 '쉬운 사람'이 되어 가고 있었다.

안타깝게도 서로의 업무와 보상에 대해 민감할 수밖에 없는 직장에서는 특히 이런 '쉬운 사람'의 존재가 쉽게 드러난다. 누군가 대놓고 이야기하지 않지만 몇몇 특성을 통해 직장 내 암묵적인 동의가 생겨나고 알음알음 알려진다. 그러면서 누구나 쉬운 사람의 존재를 알게 되고, 이제는 다른 사람 눈도 의식하지 않고 갈수록 그 사람을 더 쉽게 대하게 되는 것이다. 그리고 당하는 이는 갈수록 자신이 왜 점점 쉬운 사람이 되어 가는지 알지 못한 채 몸과 마음이 어려워진다.

직장 내에서 쉬운 사람은 어떤 사람일까.

첫째, 거절하지 못하는 사람이다.

처음엔 급한 마음에 '본인 업무가 아닌데 내 부탁을 들어줄까?'와 같은 생각으로 아님 말고 식으로 물어봤는데 아무것도 묻지도 않고 그냥 해 주겠다고 한다. 생각보다 쉽게 들어주니 오히려 괜히 어렵게 물어봤다고 느낀다. 그다음에도 비슷한 건에 대해서 '지난번에 해 줬으니 이번 한 번만 더'라는 생각으로 이야기했는데 역시나 별 말 없이 해 준다. 다음부터는 아예 확신을 갖고 당연한 듯이 "그냥 앞으로 계속 맡아서 해 달라"고 했는데도 역시 알겠다고 한다. 그러고 나서도 뒷말이 없으니 부탁하고도 전혀 부담을 갖지 않는다. '자기가 좋아서 하는 것 같으니 나도 부담 느낄 필요 없겠다'며 갈수록 마음까지 가벼워진다.

둘째, 불합리한 일에 반박하지 못하는 사람이다.

여기에는 꼭 개인의 성향만이 아니라 사회적인 지위와 같은 것들도 복합적으로 작용한다. A와 같이 신입 사원이라 거절이 힘들거나, 상대방보다 나이가 어려서, 직위가 낮아서, 경험이 부족하다고 여겨서 등의 이유로 반박하기가 어려워진다.

게다가 이런 상황에서 자신의 업무를 떠넘긴 사람이 알려준 대로 했는데 정작 당사자는 내 업무 처리가 마음에 들지 않는다며 모든 비난을 퍼붓는다. 내 잘못이 아니라는 것은 알지만 그냥 그 상황이 싫고 벗어나고 싶어 무조건 잘못했다, 죄송했다며 굽신거리게 된다. 이는 상대방이 옳다는 것에 암묵적으로 동의하는 것이고 상대방 또한 자신의 잘못으로 인정하지 않게 된다.

셋째는 아무것도 부탁하지 못하는 사람이다.

부탁받은 일은 잘하면서 다른 이들에게 부탁은 못 하는 사람, 이런 사람은 상대방의 입장에서는 빚지고 갚지 않아도 되는 사람이나 마찬가지다. 언제든지 버려도 되는 부담 없는 무료 체험과도 같다. 아이러니하게도 사람들은 무료 체험에 감사할 줄 모른다. 오히려 비싼 돈을 주고 경험해야 더 집중하고 그만큼 만족도도 높아지기 때문이다. 무료 체험은 해 주고도 욕먹는 경우가 많다. '역시 공짜라 수준 차이가 난다'며 본인이 받은 혜택은 생각하지 않고 오히려 쉽게 평가하고 가치 없는 것으로 치부하지 않던가. 이와 같이 해 주기만 하고 부탁하지 못하는 사람은 점점 가치 없는 무료 체험 같은 사람이 되는 것이다. 누구나 아무 때나 쉽게 체험을 요구하고 막상 돈을 내고 구매하지는 않는 것처럼 말이다.

만약 누군가 직장에서 다른 이들의 일을 대신해서 도맡아 하는 게 기쁨이고 인생의 낙이라면 문제 될 것은 전혀 없다. 하지만 문제는 어느 순간 너무 힘들게 느껴지고 더 이상은 하고 싶지 않아 중단하고 싶을 때 맘대로 멈출 수 없다는 것이다. 내리막길에서 가속이 붙은 자동차처럼 어딘가 부딪쳐 사고가 나지 않는 이상 스스로 멈추기 힘들 정도가 되어 버린다. 용기를 내어 멈추고 싶다고 이야기해도 다른 이들에게는 들리지 않는 공허한 외침으로 묻혀 버리고 만다.

한껏 용기 내어 어느 날 그만하겠노라 했을 때 다른 이들의 반응은 어떨까? 그동안 고생 많았고 고마웠다며 이제는 더 이상 당신을 힘들게 하지 않겠다고 할 것 같은가. 전혀 그렇지 않다. 이제까지 네가 하던 걸 갑자기 남에게 떠넘기려고 하냐며 적반하장으로 나올 가능성이 훨씬 크다. 아니면 이왕 하던 거 조금만 더 하면 앞으로는 잘하겠다, 줄여 주겠다며 회유할 수도 있다. 사실 이건 누군가의 설득이나 회유의 문제가 아니다. 애초부터 그들에게 달려 있거나 맞춰 줘야 하는 일이 아니기 때문이다.

쉬운 사람이 쉽게 상처받는다. 안 해 주면 욕을 먹고, 해 주면 이것밖에 못 하냐며 당신의 가치를 깎아내린다. 갈수록 자신이나 되니까 당신을 마지못해 받아 준다는 식으로 입장과 상황이 순식간에 완전히 뒤바뀌는 경우가 허다하다. 알 수 없이 흘러가는 매 순간에 상처받고 또 상처받지만 이를 알아주거나 돌봐 줄 사람은 아무도 없다. 그렇게 상처받은 당신은 '나 하나만 참고 넘기면 언젠가는 달라질 것'이라 믿지만 그건 혼자만의 헛된 기대일 뿐이다. 내 상처는 나만 볼 수 있다. 착한 사람이 오래오래 행복하게 살았다는 결말은 동화책 속에만 존재한다. 쉬운 사람으로 사느라 혼자 상처받고 힘들었다면 이제는 내가 나의 상처를 들여다볼 차례다.

사람 좋다는 말에 속지 마라

"K 과장은 사람이 참 좋아."

당신은 이런 유의 말을 들어 본 적이 있는가? 혹은 누군가에게 이렇게 이야기한 적이 있는가? 그렇다면 대체로 어떤 사람이기에 이런 말을 듣게 될까? '사람 좋다'고 하면 일단 외관상 생글생글 잘 웃는다든지 누구에게나 친근하게 대하는 사람이라고 생각할 수 있을 것이다. 덧붙여 무슨 일을 부탁해도 웬만하면 다 웃으며 들어주고 좀 어려운 일이 있더라도 아무렇지 않게 넘어가 줄 때 사람 참 좋다고 한다.

어느 정도는 맞는 말이다. 적어도 겉으로는 그렇게 보인다. 하지만 10년 넘게 직장 생활을 하면서 관찰하고 경험한 바에 따르면 사람 좋다는 말은 그렇게 단순한 의미로만 끝나지 않았다. 그리고 내가 만난 많은 좋은 사람들은 자신만의 다양한 어려움을 털어놓곤 했다.

K 과장은 사람 좋다는 말이 참 싫다. 나를 만나서도 한숨 쉬며 털어놓은 첫마디가 바로 그것이었다.

"자꾸 나보고 사람 좋다고 하는데 저 그렇게 좋은 사람 아니거든요? 왜 자꾸 사람을 몰아가는지 모르겠어요. 아니라고 하는데도 자꾸 그러니까 뭔가 들을수록 기분이 안 좋아지네요. 이것 좀 이상하지 않나요?"

딱 잘라 말하면 이상한 것 맞다. K 과장이 아니라고 해명해야 하는 것도 그렇고, 그렇게 이야기하는데도 본인이 기분이 좋지 않을 정도로 몰아가는 이들이 그렇다.

K 과장이 좋은 사람이 된 이유는 무엇일까? 그리고 사람 좋다는 말이 싫은 이유는 무엇일까?

"저라고 다 들어주고 싶은 건 아니에요. 괜히 거절하느라 시간 보내고 상대방이 서운해하는 모습을 보고 있느니 그냥 내가 해 버리고 마는 거죠. 차라리 해 주고 나서 맘 편하게 내 일 하고 싶어서요."

기분이 나빠지는 것도 같은 이유였다.

"이번엔 정말 안 되겠다고 하려는데, 갑자기 왜 그러냐며 자기만 왜 안 도와주냐고 하는 거예요. 누구는 해 주고 누구는 안 해 주냐고 요. 웃으면서 그러는데 거기다 대고 정색하면 나만 이상한 사람 될 것 같아서 또 해 주죠. 사실 누구는 해 주고 누구는 안 해 주는 게 아니라 이제 다 안 해 주고 싶거든요. 그래도 또 해 주면 '역시 과장님은 사람이 참 좋으세요.' 하는데, 기분이 확 나빠지는 거예요."

'사람 좋다'라고 쓰지만 사실 '이용하기 좋다'라고 바꿔 써도 전혀 다르지 않다. 그래서 글자 그대로라면 듣기 좋아야 할 말이 들을수록 기분 나빠지는 것이다. 어쩔 땐 기분 나쁘다는 내색을 하고 싶지만 소극적인 표현이라 알아듣는 이도 없다. 때로는 사람 좋다는 그 이미지에 스스로를 가두어 놓고 자신도 납득하기 어려운 일들을 어쩔 수 없이 참아 낸다. 교묘하게 포장된 상대방의 표현에 진짜 나를 가두어 버리고 또다시 좋은 사람이 돼 버리고 만다.

이번엔 T 부장의 이야기다. T 부장은 '사람 좋다'고 소문이 나 있다. 특히 사내에서 협력하는 다른 팀이나 외부 협력 업체에서 칭찬이 자자하다. 같이 일하면 누구나 팬이 된다는 T 부장. 하지만 여기에 유일하게 동의하지 못하는 몇몇이 있다. T 부장을 시기 질투하는 다른 팀의 부장? 경쟁 업체 직원들? 아니다. 바로 T 부장의 팀원들이다. 차라리 다른 팀이거나 경쟁 업체 직원이라면 대놓고 이야기하겠는데, 바로 자신의 팀장이다 보니 이야기를 꺼내기가 조심스럽다. 게다가 팀원들을 제외한 모두가 반기고 좋아하는 T 부장이 아닌가.

팀원들에게 T 부장은 '온갖 일 다 떠안고 와서 팀원들에게 무턱대고 나눠 주는 사람'일 뿐이다. '이걸 왜 우리가…'라는 생각이 드는 일들도 많다. 하지만 감히 뭐라 하기가 쉽지 않다. 자신들을 뺀 모두가 좋아하는 사람이고 워낙 발이 넓은 사람이다. 협력 업체는 T 부장과 '형님 동생' 하는 사이인 데다, 전화 한 통이면 일이 오갈 정도니 T 부장을 욕하려면 업계를 떠날 각오가 필요한 셈이다.

역으로 말하면 어떻게든 잘 보이고 떠나야 다른 곳에서도 환영받을 수 있다는 메시지이기도 하다. T 부장이 가장 좋아하는 표현은 'T 부장과 아이들'이다. 마치 팀원들이 T 부장을 중심으로 한편이 되어 뒤를 밀어 준다는 느낌이다. 팀원들이 제일 싫어하는 말 또한 이것이다. 팀원들이 자발적으로 T 부장과 똘똘 뭉친 드림팀인 양 표현하는 말들이 듣기도 벗어나기도 힘들기만 하다. 팀원들은 이러지도 저러지도 못하고 꼼짝없이 T 부장의 자랑스러운 '팀워크'를 위해 오늘도 내일도 알아서 일을 한다. '팀플레이어'라는 그럴싸한 이름으로 말이다. 팀원들은 '아이들'이라는 명칭으로 싸잡혀 정체성을 상실한다.

사람 좋다는 말에 속지 마라. 생글생글 잘 웃고 누구에게나 친근하게 대하는 것이 전부가 아니다. 겉으로 편하고 만만하게 보이는 이들이 정작 자신의 영역에는 훨씬 더 민감하고 날카로운 경우도 얼마든지 있다. 마찬가지로 외모로 볼 때는 처음에 쉽게 다가갈 수 없을 것같이 차갑고 냉정해 보이지만 업무 관계나 개인적으로 친분이 생기면 반전의 '쉬움'을 보이는 경우도 많다.

사람 좋다는 말에 속기 쉬운 이유는 '좋다'는 애매모호한 한마디 때문이다. 좋다는데, 좋아서 그런다는데 거기다 대고 아니라고 하면 '좋지 않은' 사람이 되는 것만 같은 묘한 죄책감을 불러일으키기 때문이다. 사람 좋다는 말에 속지 말아야 하는 이유 또한 '좋다'는 애매모호한 한마디 때문이다. 무엇이 구체적으로 어떻게 좋다는 것 없이 그저 좋다는 것만으로는 진심을 가늠하기가 어렵다. 근거 없이 아무렇게나 좋다는 말을 남발하는 사람이나, 그 말을 자기 맘대로 해석하고 믿어 버리는 사람 모두 명확함 없는 애매모호한 사람일 뿐이다.

사람 좋다는 말이 진짜 칭찬이고 믿을 만한 말이 되려면 서로 공통적으로 알 수 있는 구체적인 근거와 상황을 바탕으로 해야 한다. 사람이 좋다는 게 대체 어떤 의미인지 눈에 보이듯 그려지는 것이 있어야 한다. 뜬구름 잡듯 좋은 게 좋다는 식은 안 된다. 어느 한쪽이 석연치 않은 구석이 있다면, 어딘가 모르게 모호하고 불명확해 보인다면 그건 진짜 좋은 게 아니다. 사람 좋다는 말을 듣고도 되레 기분이 나빠지거나 알 수 없는 자책감이 든다든지, 말 못 할 냉가슴을 앓게 되는 것이다.

오해하지 말아야 할 것은 '좋은 사람이 되는 것' 자체를 피할 필요는 없다는 점이다. 내가 정한 구체적인 '좋은 사람'의 모습을 그리고 그런 사람이 되고자 노력하는 것, 또한 그런 모습을 가진 사람을 좋은 사람이라 여기는 것 모두가 의심하고 피해야 할 일은 아니라는 것이다.

중요한 것은 사람 좋다는 말이 아니라, 좋은 사람으로 살아가는 행동이다. 좋은 사람이 진짜로 하는 행동에 주목해 보라. 말은 그저 말일 뿐이다. 그것이 나타나는 건 실천이고 행동이다. 그렇게 내가 또 누군가 좋은 사람으로 '행동'할 때 말에 속지 않는다. 그리고 사람 좋다는 말에 가려 들여다보지 못했던 나의 진짜 마음과 행동에 주목할 때다.

때로 칭찬도 독이 된다

"인사고과 결과 회사 전체에서 S등급은 단 두 명이고,
그중 한 명이 바로 최헌 과장입니다. 정말 잘했다."

과장 1년 차 때의 일이다. 컨설팅 업무 특성상 과장부터 정식으로 프로젝트 매니저 역할을 할 수 있다. 첫해부터 바로 성과를 인정받아 전체 중 단 두 명, 1%에 해당한다는 S등급을 받은 것이다. 원칙상 다른 직원들에게 노출되지 않지만 "쟤가 그 S 받았다는…" 식으로 아는 사람은 아는 '공공연한 비밀'이었다.

서른에 뒤늦게 대학원을 졸업하고 이른바 전문 에이전시에서 처음으로 일하게 된 셈이었다. 다른 일을 하다가 왔다는 자격지심 때문에 다른 신입 직원들처럼 선배들에게 제대로 물어보지도 못했다. 당시에는 경력직이라는 이유로 각종 신입 교육에서도 배제되었다.

자존심에 혼자 끙끙대며 밤새 이것저것 찾아 가며 혼자 시작했다.

그러던 내가 드디어 S라는 고지에 오른 것이다. '정말 잘했다.' 이 한마디가 귓가에 맴돌면 나는 생기가 돌았다. 정말 그랬다. 딱 일주일 정도만. 하지만 안타깝게도 공개적으로 상을 받은 것도 아니고 상사에게 일대일로 전해 들은 소식이니 어디다 그간의 이야기를 터 놓고 할 수 있는 것도 아니었다. 평가에 관한 건 원칙적으로 비공개이니 대놓고 축하를 받은 적도 없다.

나는 "잘했다, 축하한다"는 말에 집착했다. 그때까지 세상에서 제일 듣기 싫은 말은 "수고했다, 고생했다"였다. 나는 어린 시절 수없이 1등을 하고 상장을 받아 와도 집에서 한 번도 "잘했다, 축하한다"는 소리를 들어 본 적이 없었다. 이제 와서 보니 나쁜 의도는 없었다고 이해는 하지만 "잘했다!", "축하한다!", "우리 딸이 최고야!" 같은 이야기를 듣는 것이 그때는 소원이었다.

인정에 목말라 타들어 가는 나에게 대신 들려오는 것은 "수고했다, 고생했다"뿐이었다. 헤어 나올 수 없는 고문이었다. 좀 더 잘하면 조금만 더 하면 나도 칭찬받을 수 있지 않을까 하는 희망 고문. 언젠가는 내가 용기를 내어 "나도 잘했다고 해 줘"라고 엄마한테 이야기한 적도 있다. 그랬더니 엄마는 "하이고, 그래 잘했다, 잘했어"라며 뭐 그런 걸 가지고 그러냐는 식이었다. 이도 저도 아닌 말로 나는 또다시 상처받았고, 다시는 그런 말조차 하지 않게 되었다.

다시 S등급을 받은 내가 여기 있다. 어떻게 보면 그게 인생 전체에서 얼마나 큰일이냐고 뭘 그렇게 영향을 받는가 말이다. 그냥 평가지 위에 글자 하나 다르게 쓰인 것뿐이다. 그래도 나는 "잘했다"는 한마디가 좋았다. 여전히 많은 이들이 알아주지 않는, 내가 그토록 원하는 인정과 칭찬, 축하와는 거리가 멀어도 좋았다. 그래서 그 한마디에 매달리기 시작했다.

S등급을 받은 후로는 내가 제출한 제안서나 보고서에서 오타 하나만 발견해도 쥐구멍에 숨고 싶었다. 내가 볼 땐 분명히 없었는데 그걸 발견한 상대방이 야속하다. 그것만 빼면 정말 괜찮은 보고서인데 칭찬하지 않은 것을 보니 아무래도 오타 때문인 것만 같다. 날이 갈수록 칭찬이 없는 날의 비중이 점점 커진다. 이는 실제 기간과 관계없는 마음속의 크기다. 한 달 내내 칭찬만 듣다가도 한 번 지적당하는 것이 싫었다. 아니, 엄밀히 말해 지적당하는 내가 싫었다. 칭찬은 순간이고 지적은 영원한 느낌.

때론 칭찬도 독이 된다. 제대로 칭찬할 줄 모르고 편안하게 칭찬받아 본 적 없는 사람들에게는 칭찬도 독이 된다. 다시 말해 훈련되지 않은 칭찬은 독이 되는 것이다. 직장 생활 중 나에게 독이 되는 칭찬은 다음과 같은 특징들이 있었다.

첫째, 다음에 더 나은 결과를 약속할 때만 유효한 칭찬이다.

현재의 성과에 대해 충분히 칭찬하지 않고 "이번에 5억이면 다음엔 10억 하겠네?"라는 식으로 시작하는 칭찬이다. 상대방 입장에서는 잘하고 있고 잘하는 사람이라고 치켜세우기 위해서 하는 말일 수도 있다. 잘하니까 더 잘하라고 하는 것 아니겠냐며 말이다. "왜? 잘하잖아? 못 해? 5억도 했는데 왜 못 해?" 이런 이야기를 듣고 나면 어떤 생각이 들까? 아마도 대부분은 직감적으로 잘할수록 더 높아만 가는 기대와 부담감에 어느 순간 '내가 잘하면 잘할수록 더 힘들어진다'며 다시 움츠러들지 않을까.

내가 그랬다. 처음에 나는 칭찬받으면 그게 무엇이든 "예"라고 대답했다. 더 잘할 수 있냐는 말에도 "예", 기대해도 되냐는 말에도 "예"라고 했다. 하지만 끝없는 기대에 어느 순간 반발심이 생겼다. '왜 나한테만 그러지?' 하는 식이다. 가만히 있는 다른 이들은 말하고 들을 일이 없는데 잘한다면서 왜 나 혼자만 더 하라고 할까 하고 말이다. 그리고 둘러보니 다른 이들이 새삼 더욱 평화로워 보인다. 나 혼자 '더 잘해야 해'라고 칭찬에 독이 올라 힘을 잔뜩 주고 있을 뿐 대부분은 편안한 일상에서 자신의 일을 하고 있었다. 그리고 훨씬 행복해 보였다. 그제야 나는 무언가 잘못되었다는 것을 깨닫기 시작했다.

너무 잘했어.
다음번엔 더 잘할 수 있지?
힘내라고.

예! 딱 월급만큼만요.

둘째, 기분에 따라 기준이 들쑥날쑥하거나 임시방편 같은 칭찬이다.

상사의 기분을 살펴야 하는 날. 이번 주 내로 이 보고를 해야 하는데, 업무 마감순이 아닌 상사의 기분순을 기다려야 하는 것이다. 오늘은 아침부터 인사도 안 받고 미간을 찌푸리고 있다면 무조건 쥐 죽은 듯 눈에 띄지 않는 것이 상책이다. 오늘 갑자기 내 자리를 지나치며 되지도 않는 '아재 개그'를 날린다면? 바로 오늘이 그날이다. 보고서와 큰 결재 서류를 순식간에 가져다가 코앞에 바치리라. 이 기분이 끝나기 전, 지금 이 순간을 놓쳐서는 안 된다.

지난번엔 같은 일에 대해 이렇게 하면 분명 칭찬받았는데 이번엔 아닌 경우도 많다. 그래서 기껏 다른 방법으로 바꾸었더니 더 호되게 지적당했다. 그러고는 대단한 누군가가 한 것을 너에게도 알려주겠다는 식으로 설명을 시작한다. 뭔가 새로운 이야기인가 싶어 듣고 있었더니 결국 내가 지난번에 했던 방법을 나에게 엄청난 가르침인 양 전하는 것이 아닌가. '뭐지?'

셋째, 누구에게 하는지 모르겠는 진정성 없는 칭찬이다.

칭찬은 명확한 대상에게 구체적인 내용으로 하는 것이 기본이다. 그래야 상대방도 자신이 어떤 이유로 칭찬을 받았는지를 제대로 알게 되고 자기 발전의 밑거름으로 삼게 된다. 하지만 직장에서는 다른 동료들이 많다는 이유로, 다수의 사기가 중요하다는 이유로 특정인의 성과에 대해 두루뭉술하게 칭찬하는 경우가 많다. "너 하나만 띄워 주면 다른 직원들 사기가 저하된다"고 말이다. 정말 그럴까? "A 대리가 잘하긴 했지만 다른 팀원들 아홉 명이 모두 도왔으니까 가능한 일이지"라고 했다고 치자. 이건 칭찬도 뭣도 아니다. 그냥 팀장의 혼잣말일 뿐, 듣는 A 대리도 다른 아홉 명의 팀원들도 누구 하나 기쁘지 않다. 그래서 모두가 그저 그런 얼굴을 하고 있으면 "뭐야? A 대리가 잘한 거 아니었구나? 다른 팀원들도 별로 안 좋아하는데?"라고 A 대리를 제물로 삼는다. 더 깊은 침묵.

칭찬은 고래도 춤추게 할 수 있지만, 직장에서는 칭찬이 의외로 독이 되는 경우가 있다. 칭찬해도 춤추지 않는 나와 다른 직원들이 떠오른다면, 독이 된 칭찬 때문은 아닌지 되돌아볼 필요가 있다. 다시 말해 칭찬이라는 명목하에 아무 때나 춤을 추라고 하면 넘치던 흥도 깨질 판이다. 수직 관계가 강한 직장에서 어설픈 칭찬은 독이 되어 나와 상대방 모두를 병들게 할 수도 있다.

춤추게 하는 칭찬은 따로 있다. 말로 하는 칭찬보다는 춤출 공간과 자유를 주는 것이 시작이다. 좁아터진 곳에서 명령에 의해 추는 춤을 누가 좋아할까. 물리적인 공간과 자유 시간을 의미하는 것이 아니다. 마음의 공간과 감정의 자유로움이다. 내 마음이 넉넉하고 여유로울 때 몸치라도 어깨가 들썩거리지 않던가. 입으로만 하는 몇 마디 칭찬보다 각자의 마음의 공간을 인정할 때, 춤추고 싶을 때 춤추도록 허용하는 마음에서 진정한 칭찬의 약효가 나타나지 않을까.

나에게 하는 말이 내 감정을 결정한다

'웃자고 한 말에 죽자고 덤빈다'는 말이 있다. 나는 이 말이 참 싫었다. 나야말로 상대방이 웃자고 한 말에 죽자고 반응하는 스타일이었기 때문이다. 당시의 나는 하루에도 수십 번씩 기분이 오르락내리락했다. 누군가가 작은 칭찬이라도 하면 설령 빈말일지라도 기분이 붕붕 뜨기 시작하는가 하면 얼굴에 뭐가 묻었다는 말만 들어도 갑자기 기분이 팍 상하면서 부끄러움으로 얼굴이 달아오르곤 했다.

기껏 기분 좋게 출근했다가도 다른 이들의 말에 풀이 죽고 무거운 어깨로 퇴근하기 일쑤였다. 제대로 추스르기도 전에 또다시 출근하여 다른 이들이 웃자고 한 말에 죽기 살기로 혼자 반응하며 기분이 좋았다가 나빴다가 천국과 지옥을 오갔다. 상대방이 뭐라 했든 사실 그 사람의 말 자체로만 본다면 별것 아닐 수도 있었다. 그런데 내가 거기에 반응하며 하나씩 개입하여 받아들이고 내 것처럼 뜯어보면서 스스로의 기분에 반영시키고 있었던 것이다.

남이 나에게 하는 말이 쉽게 내 감정을 결정했다. 만약 모두가 나에게 친절하고 예의를 갖추고 나의 모든 상황을 알아서 고려했다면 별문제 되지 않았을지도 모른다. 현실은 정반대에 가까웠다. 모두가 자신의 업무와 관계에 시달리느라 함부로 하고 싶은 마음을 간신히 억누르고 최소한의 예의와 친절로 버텨 내는 경우가 훨씬 많았다. 덕분에 나는 하루 중 시도 때도 없이 상처받았고, 내 감정은 마구 흔들렸다. 남이 하는 말에 영향을 받을수록 나는 상처받는다. 역설적으로 상처받을수록 다른 이들의 말에 더 예민해진다. 내가 내 마음대로 일을 처리하면 또 뭐라고 하지 않을까? 시키는 대로 하지 않았다고 야단을 맞진 않을까? 마음이 항상 조마조마하고 불안하다.

그럼 이것이 비단 다른 이들의 말에만 해당할까? 당신은 평소에 어떤 말로 하루를 시작하는가? 나는 아침에 일어났을 때 떠오르는 처음의 생각, 말 한마디를 무엇보다 소중하고 귀하게 여긴다. 아침에 일어나서 몸과 마음이 가볍고 상쾌하다면 그날의 일과 또한 그렇다. 왠지 모르게 몸이 무겁고 침대를 벗어나기 싫다면 하루가 무겁고 질질 끌려갈 거라는 것 또한 대부분 확실하다.

나는 자기 직전의 생각에 굉장히 집중한다. 잠들기 직전의 생각과 기분이 아침에 즉시 떠오르는 생각과 느낌으로 대부분 이어지기 때문이다. 잠들기 전 내가 꿈꾸는 가장 행복한 순간을 떠올린다. 내가 원하는 것을 이루었을 때의 기분, 주위 사람들의 축하, 사랑하는 많은 이들과 함께 환하게 웃고 있는 내 모습 등 내가 가장 기분 좋은 상태를 만들어 주는 것이다. 이것을 반복하면 단순히 기분이 좋아지는 것을 넘어 내 꿈을 생생하게 그리고 이루어 낼 수 있는 힘이 되기 때문에 하루 중 가장 중요한 순간이라고 해도 과언이 아니다. 이렇게 행복한 상상 속에서 온몸에 힘을 빼고 편안하게 잠을 자고 일어나면 마치 꿈속의 내가 깨어난 기분이 든다. "아 좋다!" 하며 꿈을 이룬 기분으로 행복한 하루를 시작할 수 있게 되는 것이다.

반대의 상황도 마찬가지다. 직장 생활 5년 차 무렵의 나는 알 수 없는 불안감과 내일과 미래에 대한 두려움으로 몸을 잔뜩 움츠리며 힘을 주고 잠이 들곤 했다. 그렇게 아침이 되면 분명 시간은 지났는데 밤새 두들겨 맞은 듯 온몸이 쑤시고 아프다. '아 싫다, 일어나기 싫다, 또 아침이네'라며 한숨과 함께 간신히 눈을 뜬다. 자는 동안 편안하게 숨을 쉬지 못한 탓인지 목이며 코도 불편해서 코 풀고 가래를 뱉어 내느라 한참의 시간을 보내곤 했다.

당신은 하루 중 자신에게 무엇을 이야기하는가? 하루 중 내가 나에게 말할 시간이 없다고 생각할 수도 있다. 다른 사람들과 부대끼며 업무 처리하는 것만으로 벅찬데, 내가 나와 마주하고 앉아 이야기할 시간이 어디 있냐고 말이다. 하지만 실상은 전혀 다르다. 우리는 하루에도 쉴 새 없이 나에게 이야기를 하고 있다. 연극에서의 독백처럼 소리 내어 말하지 않아도 하루 종일 떠오르는 생각과 느낌으로 나에게 이야기를 하고 있는 것이다.

남이 나에게 하는 말, 내가 나에게 하는 말 모두 내 감정을 결정한다. 누구의 말이든 내가 받아들이기에 달려 있다. 무엇이든 받아들이거나 아무것도 받아들이지 말아야 하는 것이 아니다. 남이 하는 말도 내가 하는 말도 내가 정한 기준에 따라 얼마든지 다르게 받아들일 수 있다. 이를 위한 기준으로 다음과 같은 것들을 고려할 필요가 있다.

첫째, 나의 존재와 가치를 인정하는 말인가.

들을 때는 잘 몰랐는데 뒤돌아서면 은근히 기분 나빠지는 말이 있다. 특히 나를 위하는 것 같지만 알고 보면 전혀 도움이 되지 않는 조언 같은 것들이다. 내가 나에게 하는 말 또한 마찬가지다. 자기를 비하하거나 부적절한 대우를 당연하다고 여기거나 자신을 제대로 돌보지 않았다는 죄책감에 이렇게 고생하는 것이 당연하다고 하는 것과 같이 내가 나의 존재를 제대로 인정하지 않는 말은 할 필요도 받아들일 필요도 없다.

둘째, 조건에 따라 사랑받을 수 있다고 하지는 않는가.

명확하지 않은 상태로 '그때는 맞고 지금은 틀리다'는 식으로 사랑할 수도, 사랑받을 수도 있다는 모호함이 나만의 기준을 흐린다. 종잡을 수 없는 상대방이 가장 어렵다. 어떤 때는 세상 가까운 것처럼 찰싹 붙어 오다가 어느 순간 냉랭해지면 명확한 기준 없는 나는 상대의 감정에 끌려가게 되는 것이다. 마찬가지로 내가 나를 대할 때도 기분 내킬 때는 나를 위한 선물이라며 이것저것 하다가도 조금만 틀어지면 '이깟 게 다 무슨 소용이냐'며 팽개친다. 나의 자아 또한 자신의 모습을 정하지 못하고 갈팡질팡하게 된다. 나의 기준이 명확하지 않을 때 자존감의 기초는 더욱 흔들리고 영양분을 얻지 못한 가지는 앙상하고 부실해져 성장하지 못한다.

셋째, 언제든지 새로운 희망과 기회를 주는 말인가.

단 한 번의 기회, 놓치면 완전한 실패와 같이 떨리고 두려운 순간도 없을 것이다. 만약 누군가 우리를 시험하면서 한 번의 기회밖에 없고 실수하면 영원히 돌이킬 수 없다고 한다면 한 번의 실수는 평생 지울 수 없는 상처, 회복할 수 없는 상처가 된다. 자신에게도 마찬가지다. 이번에 자신이 기대한 만큼 해내지 못한 경우 나는 쓰레기고 다시는 성공할 수 없을 것이라 못 박아 버리는 말이라면 그 말이야말로 받아들일 필요 없는 쓰레기다.

　나에게 하는 말이 내 감정을 결정한다. 남이 나에게 하는 말이 내 감정을 결정하도록 내버려 두는 순간 내 감정은 내 것이 아닌 셈이다. 진짜 내 감정이 무엇인지 내가 느끼는 감정이 진짜인지 의심하게 될 수도 있다. 내가 나에게 하는 말도 내 감정을 결정한다. 이것은 소리를 내지 않는 생각과 마음의 느낌까지 모두 포함한다. 알고 보면 남이 나에게 하는 말이 내 감정을 결정하는 것도 내가 마음속으로 떠올린 생각과 느낌이 연결되기 때문이다.

　무신경한 남의 말, 자책하는 나의 말이 내 감정을 결정하게 내버려 두었는가? 아무 말이 아무렇게나 내 감정에 영향을 끼치지 않도록 내 감정을 지키고 키워 주어야 한다. 그럴 때 내가 나의 존재를 인정하고 명확하게 확신하며 인생의 새로운 희망과 기회를 누리며 살게 된다.

나만 힘들다는 착각에서 벗어나라

J씨는 예전 직장에서 겪은 일 때문에 최근까지도 힘들고 고통스러워했다. 감정코칭연구소에서 나와 함께 일대일 감정코칭을 받기 시작하면서 그가 꺼낸 이야기는 이랬다.

직장에서 남들이 다 하기 싫어서 기피하는 불만 처리 업무가 있었는데, 모두 자신의 일이 아니라고 피하기 급급했다. J도 마찬가지였다. 하기 싫고 원래 업무에 가중되는 일일 뿐이다. 하지만 상사의 지목에 자신의 성격상 이렇다 저렇게 말하지도 못하고 어영부영 떠맡게 되었다.

자신의 상사는 그 일에 전혀 관여하지 않고 알아서 하라는 식이었는데, 불만 처리 업무다 보니 회사에 직접 찾아오고 연락해 오는 경우도 많았다. 그때마다 상사는 왜 그런 일 하나 제대로 처리하지 못해서 일을 크게 만드냐며 그를 질책했다. 주변 동료들도 말로만 이 래라 저래라 하면서 거들었지 정작 직접 나서서 돕는 이가 없었다.

얼마 후 그 일의 업무량이 너무 많아 원래 업무를 감당하지 못할 정도가 되자 다른 부서의 신입 직원 한 명을 추가로 배정해 주었다 고 한다. 그런데 신입 직원 K는 그 업무가 조금이라도 자신의 다른 업무에 부담을 주면 정색하며 단호한 태도로 못 하겠으니 이만 퇴 근하겠다고 이야기했다고 한다. J씨 입장에서는 무슨 소리냐고, 같이 맡은 업무면 함께 마치고 퇴근해야 한다고 말하고 싶었지만, 자신에 게도 힘든 일이었기에 차마 붙잡지도 못했다. 그러면서 한편으로 저 렇게 단호하게 이야기할 수 있는 K가 너무나도 부러웠다고 한다.

사건은 한 고객이 J씨를 협박하면서부터 걷잡을 수 없이 커졌다. 직접 찾아와 면전에서 욕을 하는 것은 물론이고 한밤중에 연속해서 전화를 해 대는가 하면 문자 메시지로 '당신을 아무도 모르게 죽여 버리겠다'는 협박까지 했다고 한다. 그 느낌이 너무나 생생해서 지 금도 자다가 전화벨이 울리거나 문자 진동이 느껴지면 몸과 마음이 서늘해진다는 것이다.

상사는 아무도 모르게 혼자서 처리하라고 계속해서 압박하고 있 었고 신입 직원은 자신은 못 한다며 도망치기 바빴다. 당시 권위적인 직장 분위기와 상사의 압박, 동료들의 무관심, 신입 직원 K의 회피까지 더해지면서 온 세상에 덩그러니 혼자 남겨진 기분이었다. 차마 어딘가에 신고를 할 생각조차 못 했다고 한다. 그저 조용히 참고 견디며 지나가기만을 기다렸을 뿐이다. 이른바 '경력 단절' 후 힘들게 다시 들어간 직장이라 그 자리를 잃고 싶지 않은 마음에 가족들에게도 이야기하지 못했다. '다들 아무렇지 않은데, 나만 이렇게 힘들구나.' 참담하고 외로웠다. 추후 공식적인 별도 조직으로 구성되어 그 업무에서 벗어나게 되었지만 J씨는 고통스러운 기억 때문에 그곳을 나올 수밖에 없었다.

'나만 힘들다'는 생각이 나를 더욱 힘들게 한다. 작은 것 하나에도 더 예민해지고 날카로워진다. 시야가 좁아지고 전체 그림을 보지 못한 채 자꾸만 한 지점에 매몰된다. 상대적으로 다른 사람들은 힘들지 않다는 전제를 하고 있기에 다른 이들이 하는 말도 모두 나를 이해하지 못하는 그들만의 이야기가 된다. 나 혼자라는 생각에 아무것도 들리지 않는다.

나만 힘들다는 생각이 자책하고 자기 비하를 하게 하기도 한다. 나만 이렇게 힘든 건 내가 뭔가 부족하기 때문이라며 내가 똑똑하지 못해서 이런 상황에 처했다며 자신을 책망하게 된다. 힘들다는 생각 자체보다 그로 이어지는 자책과 자기 비하가 더 힘든 상황을 만든다. 이런 상황에서는 다른 이들에게 도움을 구하지도 못한다. 어차피 내 팔자요 내 운명이니 누가 나를 도울 수 있겠냐며 다른 이들이 나 같은 사람을 왜 도와주겠냐며 점점 더 수렁으로 빠져 버린다.

J씨는 나와 함께 과거의 기억을 정리하는 훈련을 했다. 모든 과거의 짐을 내려놓고 날마다 가볍게 한 걸음씩 나아가는 중이었다. 그러다가 얼마 전 직장 후배 결혼식에 참석했다가 운명처럼 예전에 함께 일하던 신입 직원 K를 만났다. 둘은 서로를 한눈에 알아봤고 안부를 묻다가 그길로 함께 차를 마시며 이런저런 이야기를 하기에 이르렀다.

K는 J를 여기서 만날 줄은 꿈에도 몰랐다며 아까 마주쳤을 때도 자신을 모른 척하거나 피할 줄 알았는데 반갑게 맞아 줘서 정말 놀랐다고 했다. 그것은 J도 마찬가지였다. 당시의 힘들었던 기억을 정리하고 나자 그래도 혼자일 때보다 K와 함께였던 때가 훨씬 나았다는 것이 떠올라 당시의 K에게 감사했다고 전했다.

그러자 K는 울음을 터뜨리며 너무나 죄송하고 또 고맙다고 하더라는 것이다. '당시엔 그렇게 모르는 이들과 부딪혀야 하는 업무가 너무 두렵고 무서웠다'며 도망가고 싶었다고 한다. 그 일을 혼자서 하게 될 J가 걱정이 되고 미안해서 하루하루가 가시방석 같았다고 했다. 그 업무를 하다가는 자신이 어떻게 될 것만 같았다고, 그런 자신을 살려 준 것이 J였다고 말이다. 그래서 더 미안하고 두고두고 죄책감을 느꼈다고 했다.

　그 이야기를 듣고 J는 나만 힘든 게 아니었다는 안도감에 가슴이 저려 왔다. 왜 나만 이렇게 힘들어야 하냐고 혼자 소리 없이 울부짖던 과거는 더 이상 존재하지 않았다. K와도 서로 말 못 하고 힘들었던 동질감에 사과하고 고마워하며 헤어질 수 있었다.

　나만 힘들다는 것은 어디까지나 다른 이들과의 비교를 전제로 한다. '다른 사람은 그렇지 않은데' 나만 힘들다는 생각이 더 힘들게 한다. 반대로 '나만 힘든 게 아니다. 다른 사람들도 힘들다'라는 것을 알게 되면 반쪽의 안도감을 느끼게 된다. 하지만 반복해서 이런 식으로만 해소하려고 하면 다른 이들의 단점과 힘든 상황들만 찾아내려고 하는 우를 범할 수도 있다. 극단적으로 말하자면 '나만 힘들 수는 없다. 당신도 함께 힘들어야 한다'는 것을 기본 전제로 하게 될 수도 있다.

　우리가 집중해야 할 부분은 '나만 힘들다'라는 비교에서 나온 판단 자체이며, 그러한 판단의 근거로 삼은 외부 기준이다. 힘들다는 건 지극히 개인적이고 상대적인 것이다. 내가 힘들다는 것은 나를 기준으로 한 것이다. 나는 이렇게 힘든데 다른 이들이 나에게 "그런 걸 가지고 뭘 힘들다고 그래"라고 하면 얼마나 답답하고 억울한 마음이 드는가. 반대로 생각해도 마찬가지다. 내가 봤을 때 세상에 근심 걱정 하나 없을 것 같은 사람이 '힘들다'고 하면 "배부른 소리 하고 있네"라고 하지 않던가.

나만 힘들다는 착각에서 벗어나자. 당신이 힘들지 않다는 것이 아니다. 언제든지 힘들다고 느낄 수 있고 언제든지 자신을 위해 주고 회복하도록 도와야 한다. 문제는 다른 이들은 모두 즐겁고 행복한데 나만 힘들다는 비교에서 나오는 착각이다. 만약 다른 이들도 나와 똑같이 힘든 모습을 보아야만 위안이 된다면 불안과 두려움이 만들어 낸 왜곡된 허상에 불과하다. 누가 누가 더 힘든가와 같은 의미 없는 내기로 하루하루를 소모하게 하는 착각이다. 중요한 것은 나는 오직 나를 기준으로 알아차리는 것이다.

내가 힘들다고 느낄 때는 언제인지 나만의 기준으로 스스로를 들여다보면 충분하다. 오히려 그 기준이 없어 방황하고 있기 때문에 자꾸만 다른 사람의 기준에 따라 내가 힘들어진다고 느낄 수도 있다. 다른 사람을 제외한 나만 힘들다고 느낀다면 내 안의 진짜 내가 원하는 것을 들여다봐야 한다.

회사는 내 기분을 살피지 않는다

"오늘은 기분이 좋지 않아서 출근하지 않겠습니다."
"오늘 같은 기분으로는 더 이상 일할 수 없습니다. 퇴근할게요."

회사에서 이런 이야기를 꺼내 본 적 있는가? 있다. 점심시간에 다 같이 식사를 하며 오늘은 비가 오고 기분도 꿀꿀하니 집에 가고 싶다는 식으로 이야기한 적은 많다. 이런 날은 집에서 치킨 한 마리 뜯으며 만화책이나 보면 딱 좋겠다는 식으로 말이다. 그러고는 어떻게 되었을까? 깜찍한 우리들의 상상은 그냥 상상이다. 말하는 나도 듣는 동료들도 그냥 지나가는 한마디였을 뿐 실제로 당장 그렇게 되리라고 믿는 사람은 아무도 없다.

내가 아닌 가족을 비롯한 다른 이들에 대해서는 그래도 더 당당하게 이야기한다. 부모님이 편찮으셔서, 아이가 갑자기 아파서 등과 같이 '나는 얼마든지 일하고 싶은데 어쩔 수 없는 상황'임을 최선을 다해 어필한다. 이 경우는 그래도 주변 사람들이 "부모님이 편찮으셔서 많이 힘들겠다", "아이가 아픈 게 제일 큰 걱정이지"라며 위로해 주기도 한다.

내가 아플 때는 어떤가? 물론 밖으로 드러나는 상처나 사고가 있으면 회사도 그러려니 한다. 코앞에 닥친 일이 있지만 당장 몸이 아프다니 어쩔 수 없다는 정도다. 주변의 위로도 받을 수 있다. 괜찮냐고 안부 삼아 물어봐 주기도 한다. 이것도 반복되면 '자기 관리'를 못 하는 것 같아 눈치가 보이긴 하겠지만 말이다.

알고 보면 가장 아픈 곳, 내 마음이 아플 때는 어떠한가? 갑자기 모든 부담감이 몰려와서 무기력에 빠질 때, 인생의 의미를 다시 찾고 싶을 때, 지금 하는 일이 나에게 맞는지 궁금할 때 등 정작 내 기분이 정말로 아플 때 나는 얼마나 당당하게 말할 수 있는가?

'직장인 공감툰'이라며 SNS에 올라온 그림 한 컷이 떠오른다. 거기엔 '폭풍 전야 진짜 뜻.jpg'라는 이름으로 '폭풍이 불어도 전 야근해요'라는 카피와 함께 '내 직업이 등대였던가…'라는 코멘트가 달려 있다. 말 그대로 웃픈 한 컷이다. 너무나도 공감되지만 마냥 웃을 수도 그렇다고 울 수도 없는 묘한 기분이 든다. 내 마음속에 감정의 폭풍이 몰아쳐도 야근이다. 폭풍 전야처럼 고요하게, 아무 일 없는 듯 밥을 먹고 말을 하고 일을 한다. 웃기도 하고 자조 섞인 '폭풍 전야' 같은 농담을 건네기도 한다. 하지만 아프다. 다른 이들은 속일 수 있어도 나는 아프다.

밥도 먹고 일도 하고 심지어 야근도 하지만 모두가 마음이 '아프다'. 그래도 아프다고 말하지 못한다. 아픈지 몰라서, 또는 어떻게 해야 할지 몰라서다. 회사는 내 기분을 살피지 않는다. 오늘도 감정보다 이성으로, 기분보다 의지로 일을 하라고 한다. 그래서 이성으로 평가하고, 의지의 문제라고 단정짓는 회사 앞에서 나도 이성과 의지를 갖춘 인재로 보여야 한다.

안타깝게도 회사는 내 기분을 살피지 않는다. 회사라는 조직의 특성상 개인의 기분에 할애할 시간이나 의도 자체가 없다. 회사는 이왕이면 개인의 기분, 감정, 느낌 같은 것들을 배제하고 일에만 집중하기를 원한다. 몸과 마음의 건강을 돌봐 주겠다며 '직원 복지'를 내세우는 경우도 있지만 어디까지나 '일할 수 있는 직원'을 위한 일시적인 돌봄에 그치는 경우가 대부분이다.

반면에 나는 오늘도 회사의 기분을 살핀다. 회사라는 이름으로 대표되는 상사, 동료, 후배, 고객들의 기분을 수시로 확인하며 내가 잘못한 것은 없는지, 혹 지금 그의 기분이 내 잘못은 아닌지 전전긍긍한다. 힘들다고 이야기하고 싶지만 회사의 기분을 보니 먼저 말 꺼내기가 어렵다. 꾹꾹 눌러 담으며 오늘도 회사의 기분을 살핀다.

나에게 자신의 이야기를 털어놓은 T는 '시작이 좋지 않았다'고 했다. 입사 첫날, 팀원들이 다 모인 주간회의에서 자기소개를 하라고 했다. T가 일어나서 할지 앉아서 할지, 앞으로 나가야 할지 쭈뼛거리는 사이 끄트머리에서 보고 있던 팀장의 한마디.

"신입 사원이 좀 빠릿빠릿한 맛이 있어야지. 당신 신입 맞아?"

그 한마디에 T는 온몸과 마음이 얼어붙었다. 주위 선배 직원들은 그런 종류의 농담에 익숙해서인지 아무렇지 않게 한마디씩 거들기까지 했다. T는 자기가 어떻게 자기소개를 했는지 기억도 안 날 정도로 얼떨떨했다고 한다. 하지만 팀장의 한마디, 다른 직원들의 표정만큼은 아직도 손으로 그려 낼 수 있을 만큼 또렷하게 기억에 남아 있다고 했다.

'처음이라 그렇지'라며 쉽게 넘어갈 수도 있었을지 모른다. 하지만 T의 성격상 '시작이 좋지 않았다'는 느낌은 수시로 되살아나서 자신을 괴롭혔다. 이후로 회사에서 자신의 의견을 내야 하는 상황이 오면 자꾸만 무언가가 자신을 가로막는 느낌이 들었다. 그럭저럭 회사 생활을 이어 가던 중 '그날'이 왔다.

그날은 처음으로 회사 교육 시간에 최근에 진행한 프로젝트를 발표하는 날이었다. 사원급을 대상으로 한 명씩 돌아가며 자신이 참

여한 프로젝트를 발표한다는 취지였다. 본인이 직접 참여한 프로젝트였으므로 내용상 어려운 것은 없었다. 특별할 것도 없어 보였다. 그런데 T가 앞으로 나간 순간 '그 일'이 일어났다.

앞에 서서 눈을 들자 주변의 공기가 갑자기 어딘가로 빨려 들어가는 느낌이 들었다. T는 갑자기 몸이 말할 수 없이 무거워지고 심장이 조이고 목을 누르는 것 같았다. 말을 하고 싶은데 숨이 가빠져서 이어 갈 수가 없었다. 숨이 찬 모습을 스스로 느낄 정도가 되자 자기도 모르게 말을 더듬고 있었다. 누군가 물을 가져다주었는데 다른 사람들도 내가 이상하다는 걸 알고 있다는 것까지 알게 되자 혀끝이 말려 들어갔다. 설명할 수 없는 공포감이 덮쳐 왔다. 숨넘어갈 듯한 염소같이 떨리는 말더듬이가 되어 말을 이어 가기가 힘들었다. '내가 왜 이러지, 내가 왜 이러지.' 하는데도 달라지는 것은 없었다. 10분 남짓한 시간이 열 시간처럼 끝없이 느껴졌다. 자리로 들어오는데 셔츠 겨드랑이가 땀에 젖었다는 것까지 알게 되자 그대로 뛰쳐나가 울고 싶을 뿐이었다.

이후로 다른 이들의 발표가 이어져 한 시간 남짓한 교육 시간은 끝났다. 아무도 T의 발표에 대해 언급하는 이는 없었다. 하지만 T는 그 이유를 잘 알 것 같았다. 나도 모르게 일어난 일이라고 항변하고도 싶었다. 물어봐 주는 이도 없었다. 아무 일도 일어나지 않은 듯 그 이야기는 퍼져 나갈 것이다. 힐긋거리며 셔츠 겨드랑이를 흠뻑

적신 게 누군지 궁금해하겠지. 200명 남짓한 회사다. 지나가다 눈만 마주쳐도 모두 '그게 너구나.' 할 것만 같았다.

그 뒤로도 그때 일을 떠올릴 때마다 당시와 똑같이 숨이 가빠졌다. 길을 가다가도 지하철에서도 영화를 보다가도 문득 그 순간이 떠오르면 여지없이 온몸이 조여 왔다. 발표가 쉬운 일은 아니었지만 그 정도는 아니었다. 하지만 그날 이후 발표를 할 때마다 그때의 기분이 스멀스멀 올라와 괴롭혔다. 더 잘할 수 있는데 '그날'이 자꾸만 자신을 괴롭히고 있다고 했다. 그래서 T는 드디어 용기 내어 '그날'을 해결하기로 했고 나와 마주 앉아 이야기를 하게 된 것이다.

회사는 나의 기분을 살피지 않는다. 그렇다면 내 기분을 살피는 것은 누구인가. 주위를 둘러봐도 아무도 없다고 한숨을 쉬는가? 내 기분을 살피는 이는 오늘 아침, 혹은 지금 내가 마주 앉은 거울 속에 있다. 오늘 눈빛에 어떤 생각을 담고 있는지, 코끝에 어떤 느낌을 신고 있는지, 입술이 어떤 이야기를 하고 싶은지 살피는 이가 바로 내 앞에, 거울 속에 있다. 회사가 내 기분을 살피지 않는다고 실망할 필요는 없다. 애초에 기대할 곳이 아니다. 대신 지금 고개를 돌려 거울을 보자. 바로 그곳, 거울 속에 내가, 하나하나 속속들이 들여다보는 내가 있으니까.

PART 2

불안감, 두려움과
정면으로 마주하기

EMOTIONAL COACHING

겉으로 보이는 게 전부가 아니다

입사 7년 차 B 대리는 신입 사원들에게 카리스마 넘치는 선배로 유명하다. 팀 내에서는 물론이고, 멀리 다른 팀에까지도 소문이 자자할 정도다. 처음 일을 배우는 신입 사원들에게 체계적이고도 논리적으로 설명해 일에 집중하게 도와주고 끊임없이 지켜보며 필요한 부분에 조언을 아끼지 않는다. 대신 차분히 모든 것을 알려 주었는데도 노력하여 나아지는 모습이 보이지 않을 때는 하나하나 짚어가며 약점이 모조리 드러나게 까발리는 것으로도 악명이 높다.

그럼에도 다들 그에게 뭐라 반박할 수 없는 이유는 자신의 일을 완벽에 가깝도록 해내고 있고, 자기 관리가 철저하여 전날 무슨 일이 있었든지 전혀 티가 나지 않기 때문이다. 타고난 듯한 날카로운 눈썰미로 하나하나 모두 근거가 있는 맞는 말만 하니 아니라고 우기기가 더 힘들다. 게다가 몸에 좋은 거라도 먹는지 나이까지 어려 보이는 B 대리가 얄밉기도 하지만 인정하고 싶지 않아도 인정할 수밖에 없는 셈이다. 회사 내에서도 B 대리가 했다고 하면 누구나 "그럴 만한 이유가 있을 것"이라고 하기에까지 이르렀다.

신입 사원들에게 B 대리는 '원래부터 타고난' 선배처럼 보였다. 그 사람은 '원래' 그렇게 타고났으니까 가능한 것이지 모두가 그렇게 될 수는 없지 않느냐고 말이다. 하지만 B 대리 본인에게 들은 이야기는 전혀 달랐다.

B 대리의 신입 사원 시절은 처참했다. 지방의 국립대학 출신으로 동네에서는 똑소리 난다는 소리만 듣고 자랐지만 막상 대학을 졸업하고 취업을 위해 서울로 올라오자 지난 4년이 아무것도 아닌 듯 허무하게 느껴졌다고 한다. 나름 전공 공부에 충실하여 높은 학점을 받고 다양한 교내외 활동을 하며 취업 준비를 해 왔다고 생각했다. 하지만 서울에서 취업 스터디를 하며 만난 이들은 자신과는 전혀 다른 세상에서 살고 있는 것 같았다. 자신에 비해 손에 다 꼽을 수도 없을 만큼 국내외에서 다양한 경험을 쌓은 이들이 너무나도 많았던 것이다. 누구보다 열심히 살아온 자신이 결국 우물 안 개구리에 불

과했다는 열패감을 떨칠 수가 없었다.

애써 떠오르는 열등감을 지우며 취업 준비에 매진한 결과 이름난 대기업 계열사 영업부에 취업했고 고향의 부모님은 자식 잘 키워 서울에서 성공했다며 눈물을 글썽이며 좋아했다. 요즘같이 취업하기 힘든 시기에 속 썩이지 않고 학원 대신 스터디로 착실하게 준비해서 최종 관문까지 해낸 자신이었다. 이제 또다시 똑같은 출발선에 서 있다는 느낌이 들었다. 지난 과거의 열등감을 지울 수 있는 절호의 기회로 여겼다. 특히 영업부라는 점이 더욱 마음에 들었다. 성과를 기준으로 한다면 얼마든지 1등이 될 수 있다 믿었고 그렇게 되고 싶었다.

그러나 현실은 사뭇 달랐다. 처음 경험하는 영업 현장은 사회 초년생에게 만만치 않았고, 기업 담당자들은 모든 수를 꿰뚫어 보는 듯 모든 제안에 회의적이었다. '뭐 좀 더 괜찮은 것 없냐'며 자신을 채근하는 듯한 눈빛 하나에도 얼어붙을 것 같았다. 함께 업무를 하는 직속 선배는 자신의 업무만으로도 벅차 보였다. 업무를 가르치기보다 던져 주며 알아서 해 오라는 식이었다. 며칠 후 결과를 보며 "이것밖에 못 했냐"며 한숨을 쉬고는 "저리 가라. 차라리 내가 하고 말지." 하는 선배가 야속했다. 웃긴 건 차라리 내가 하겠다던 선배의 보고 내용이 결국 자신이 가져다준 내용을 그대로 옮긴 것이라는 점이었다. 알고 보니 B에게 던져 준 업무는 모두가 어렵다고 기피하던 기업과의 거래였고, B가 그 와중에 용케도 처음으로 해낸 것이다. 규모와 관계없이 거래를 성사시킨 것 자체가 엄청난 성과로 치하되고 있었다. 금액이 얼마 안 된다며 못마땅해하던 선배가 지금 눈앞에서 기세등등하게 거래 성사를 자신의 공로로 가로챘다. B는 뒤통수를 몇 번이고 세게 맞은 느낌이었다. 다른 이들이 "B씨는 언제 커서 저렇게 될래"라고 하자 숨이 가빠지고 눈이 튀어나올 것같이 억울하고 답답했다.

그날 밤 B는 집으로 돌아와 혼자가 되자 방에서 울고 말았다. 미친 듯이 뛰며 아무도 가르쳐 주지 않는 일을 혼자 배우려 애쓴 일, 거래처의 싸늘한 시선, 선배의 비아냥거림, 의기양양하게 자신의 공을 가로채는 프레젠테이션, 선배를 향한 다른 이들의 박수, 혼자 회의실을 정리하며 빈 음료수 병을 치우고 다른 선배가 두고 간 스마트폰이며 마시던 테이크아웃 커피까지 챙기는 자신의 모습이 겹쳐 보였다. 그럴수록 가슴이 답답하고 터질 것만 같았다.

언젠가부터 B는 가슴을 치며 울고 있었다. 얼마쯤 지났을까. 욕실 거울 속에 부은 눈의 자신의 모습이 보였다. 그러자 B는 오랜 버릇대로 거울을 보며 오른손을 들어 자신의 오른쪽 뺨을 후려쳤다. "똑바로 해! 이 개XX야!"

누구보다 완벽해 보이는 B 대리의 뒤에는 오랜 시간 숨어서 자신을 힘들게 한 또 다른 B가 있었다. 아무도 알지 못하는 곳에서 자신의 뺨을 때리며 쉴 새 없이 몰아치는 동안 업무적으로는 무서운 속도로 성장했지만 그 안의 자존감은 한없이 작고 연약해졌다. 업무 능력은 자존감을 갉아먹으며 컸다고 해도 틀리지 않다.

회사는 자존감을 키워 주지 않는다. 아니, 못 한다는 편이 더 맞겠다. 요즘 강조하는 '워라밸, 저녁이 있는 삶'과 같은 차원이 아니다. 애초에 회사의 속성 자체가 자존감을 키우기 쉽지 않다는 뜻이다. 회사 업무를 통한 잠깐의 만족감이야 느낄 수 있지만 그것은 일부일 뿐, 그러한 기분마저도 내가 아닌 외부의 기준에 의한 평가를 전제로 한다. 내가 아무리 혼자 해낸 일을 자축하고자 해도 애초에 회사는 나의 것이 아니다. 회사 일도 따지고 보면 나 개인의 일은 아니다. 내가 아닌 누군가도 할 수 있는 일이지만 내가 그 자리에 앉아 있기 때문에 내 일이라고 여기는 것뿐이다. 내가 선택한 일이라기보다 주어진 일을 최선을 다해 해낸 것이니 해냈다는 순간적인 안도감에 지나지 않는다. '내가 해냈다'라는 성취감과는 거리가 있는 셈이다.

어떻게 해서라도 자신의 존재를 인정받고 싶었던 B는 철저히 회사의 기준에 맞춰 생각하고 말하고 행동하면서 모든 것을 회사와 업무에 맞춰 갔다. 회사형 인간으로 스스로를 최적화했다. 그렇게 지내기를 몇 년, 직급상 아직 대리였지만 누가 봐도 모범적인, 이른바 '주인의식'을 가지고 일하는 회사의 에이스로 대접받게 된 것이다.

회사형 인간의 취약점은 그가 회사에서만 빛을 발한다는 것이다. 회사만 벗어나도 우왕좌왕하기 쉽다. 왜 그런가? 철저하게 정해진 규칙대로 정해진 업무를 빠르고 정확하게 처리하는 데만 집중했기 때문이다. 내가 무엇을 원하고 무엇을 하고 싶은지, 어떤 것부터 골라서 할 것인지, 얼마나 즐기면서 할 것인지를 스스로 고민하지 못했다. 다양한 선택지와 단계는 효율화의 명목으로 줄어들고 작아지고 사라져 버린다. '나'라는 인간이 결정할 영역은 모두 쳐내 버리고 '회사'가 결정한 최소한의 기준과 틀에 나를 끼워 맞춰 버린다.

B는 퇴근 후 생각하는 것도 말하는 것도 싫고 귀찮다고 했다. 본인도 머리로는 다양한 활동을 하면서 다른 사람들을 만나야 한다고 생각하지만 막상 새로운 활동이나 만남이 부담스럽기만 하다. 회사에서처럼 "아, 그 B 대리님!" 하고 인정해 주지 않으니 처음부터 자신을 어필하는 것도 번거롭다. 다른 사람들이랑 어울려 보겠다고 이런저런 이야기를 만들어 내는 자신도 하찮게 여겨졌다. 차라리 회사에서처럼 '도도하고 완벽한 B 대리' 모드를 택하기로 한다. 그럴수록 사람들이 자신을 부담스러워하는 것이 눈에 보일 정도다.

안타깝게도 회사 밖에서 만난 이들은 회사에서의 B의 모습에 전혀 관심이 없었다. 회사 이름이나 깔끔한 외모에 관심을 보이다가도 막상 B 대리가 회사 이야기를 시작하면 따분해하는 기색이 역력했다. 모임에서도 식사를 하고 다 같이 헤어진 줄 알았는데 B 대리가 집에 온 사이 다른 이들은 2차, 3차 모임을 가졌다는 것을 다음 날 알게 되고 나서는 그마저도 나가지 않게 되었다.

지금 직장에서 만나는 이들의 모습을 하나하나 떠올려 보라. 어떤 사람들인가. 아니, 어떤 사람일 것이라고 여겨 왔는가. 그중에는 잘 안다고 여기는 이들도 있을 것이다. 그러나 겉으로 보이는 게 전부는 아니다. 그들은 알게 모르게 자신이 선택한 '회사용 얼굴'로 당신을 대하고 있을지도 모른다.

평소 그들에 대해 가지고 있던 자신만의 생각이나 느낌이 있었다면, 그것이 긍정적이든 부정적이든 한번 다시 되짚어 보자. '겉으로 보이는 게 전부는 아니다'라고 말이다. 완벽할 것만 같은 누군가도 집으로 돌아가는 길에는 바다 밑으로 가라앉힐 만한 돌덩이를 가슴에 안고 있을지도 모른다. 마찬가지로 썩 마음에 들지 않는 누군가도 알고 보면 회사에서 보여 주지 못하는 그만의 새로운 면이 있을 수도 있다.

겉으로 보이는 게 전부가 아니다. 이것을 의식하기 시작하면 자신을 포함하여 함께 일하는 이들을 이해하는 새로운 기회가 열린다. 이러한 기회를 기꺼이 활용해 보자. 거칠고 복잡한 것 같은 직장생활에서도 오히려 나를 나로 서 있게 하는 든든한 발판이 되어 줄 것이다.

혼자 누워 있으니
마음이 평온해지는 느낌이야.
그니까 아무도 다가오지 마!

질투의 밑바닥에 두려움이 있다

기형도 시인의 〈질투는 나의 힘〉이라는 시가 있다. 오랜 시간 질
투는 나의 힘이었다. 그리고 이 짧은 한 문장을 받아들이기까지도
상당히 긴 시간이 필요했다. 이렇게 이야기하기까지는 그만큼의 시
간이 더 걸렸다. '질투라니. 내가? 내가 왜?'라고 스스로 반문해 보
았지만 거부할 수 없는 사실이었다. 나는 질투로 똘똘 뭉쳐 있었고,
한 덩어리로 뭉쳐 놓아서 감추기 좀 더 편했던 것뿐이다.

나의 질투는 이런 식이다. 다른 사람이 무언가 해냈다고 하면 일
단 대단하다고 치켜세운다. 다른 자리에서는 그 사람이 사실 보기
보다 엄청 힘들었을 것이고 그렇게 얻은 것이니 이른바 가성비가

떨어지는 일이라며, 그럴 바에는 안 하는 게 나을 것 같다고도 했다. 실상은 별거 아닐 거라고 동정심 어린 목소리로 이야기하기도 했다.

어떤가? 티가 많이 나는가? 나름 머리를 쓴 고도의 표현이었다. 이 글을 적는 순간도 얼굴이 달아오를 정도로 부끄럽지만, 나는 그렇게 칭찬도 뭣도 아닌 애매한 말로 나의 질투를 똘똘 감싸곤 했다. 속마음? 속마음이야말로 완전 반대였다. 사실 그렇게 되고 싶은데 나는 그렇게 못 하고 있고, 엄청난 노력이 필요할 것 같은데 시도할 엄두는 나지 않는다. 그사이 자꾸만 저 사람은 잘되는 것이다. 노력하지 않아도 운이 좋아 잘된 것만 같다.

저 사람도 분명 힘들었을 것이라고 해 버리고 싶어 안달이 난다. 어떤 식으로든 힘든 것을 확인해야 하는 것이다. 집착처럼 이면을 파고들어 찾아내려고 한다. 어디에도 티는 내지 않지만 기어코 찾아서 작은 증거라도 눈으로 확인해야 직성이 풀린다.

웃긴 건 그렇게 힘들게 이루었다는 사실을 알고도 끝나지 않는다는 것이다. 이제 그에게만 일어난 그런 힘든 시련마저도 질투한다. 그 사람에게만 특별하게 주어진 기회라며 나에게는 왜 그런 시련조차 일어나지 않는지 한탄한다. 감당도 못 할 주제에 해대는 소리지만 솔직히 그랬다. 그때는 내가 이렇게 인정하게 될 줄은 전혀 몰랐다.

나는 왜 그랬을까? 그냥 배가 아파서? 남 잘되는 꼴을 못 봐서일까? 배배 꼬인 못된 인간이라서 그런 걸까? 다 맞는 말이지만 그 이면에는 비교도 안 되게 더 큰 것이 자리 잡고 있었다. 바로 '두려움'이었다. 나는 어떤 식으로든 안 될 것 같은 두려움. 그래서 상대적으로 뭔가를 이겨 내고 이루는 이들을 볼 때마다 느껴지는 경외감이 나에게는 고스란히 두려움으로 돌아왔다. 저 사람이 이미 해냈으니 내 차례는 오지 않을 것만 같다. 내가 해낸다고 해도 저렇게 주목받거나 사랑받지 못할 것이라는 두려움이다. 그렇게 똑같이 해내고도 보상이 없다면 내가 얼마나 더 좌절하게 될지 미리 두려운 것이다.

질투는 나의 힘이었다. 질투가 만든 두려움의 힘이 그만큼 나를 자꾸 가만있지 못하게 했다. 내가 어떻게든 움직이는 동안만큼은 어느 정도 안심할 수 있었다. 뭔가 하고 있는 내가 아무것도 하지 않는 나보다는 좀 더 나을 것이라는 내 나름대로의 위로였다.

딱히 목적도 방향도 명확하지 않았지만 나도 뭔가 나름의 것을 한다는 보상심리였다. 직장에서의 성과도 마찬가지였다. 저만큼 해내지 못하면 나만 도태되고 따돌림당할 것 같은, 버림받을 것이라는 두려움 때문에 억지로라도 움직일 수밖에 없었다.

다음으로 크게 자리 잡은 것은 나를 믿지 못하는 마음, 나에게는 별다른 운이 따르지 않을 것이라는 체념이다. 다른 이들에게는 운이 따르고 술술 풀리지만 나는 100% 노력해도 겨우 기본만 가까스로 얻을 수 있다는 식이다. 다른 이들이 그렇게 해낼 수 있고 운이 따르리라는 것에는 쉽게 수긍하고 믿음이 간다. 반면 그것이 나의 이야기가 되었을 때는 자꾸만 자신이 없어졌다. 내가 이런데 다른 사람들이 나를 보면 얼마나 못 미덥겠나 싶었다. 내가 다른 사람들을 보며 확신하는 그만큼 나를 보며 확신해 주는 이가 없을 것이라 지레 짐작했다. 나는 해 줄 수 있지만 받지는 못할 것이라는 낮은 자존감이 자꾸만 내 발목을 잡았다.

P 대리의 경우도 그랬다. 그는 길지 않은 기간 동안 여러 회사에 입사와 퇴사를 반복하던 중이었다. 비슷한 인간관계 문제가 반복되면서 또다시 퇴사하게 되었고, 이제는 그런 반복되는 고리를 끊고자 나를 찾아오게 되었다. 그는 총체적인 인간관계의 난국을 겪고 있었는데, 가장 힘든 것은 직장 동료들과의 관계였다. 여러 번 직장을 옮긴 탓에 비슷한 직급의 자신보다 나이 어린 동료들과 주로 어울리게 되었다. P 대리는 나이는 더 어리지만 자신보다 능력 있고 똑똑해 보이는 어린 동료들이 부러우면서도 부담스러웠다. 동료들은 나이는 자신들보다 많지만 하는 일은 다르지 않은 P를 대수롭지 않게 여기는 것 같았다. 그래도 대놓고 친해지기는 힘든 동료인 셈이다.

처음에는 이런저런 명목으로 쉽게 어울려 다녔다. P 대리 쪽에서 먼저 친근감을 표현하기도 했고 인간적으로 친해지고 싶었던 것도 사실이다. 하지만 갈수록 이런 미묘한 감정 가운데 P 대리는 어린 동료들이 자꾸만 자신을 무시하고 따돌린다는 느낌을 받았다. 친한 인간관계가 중요했던 P에게는 엄청난 충격으로 다가왔다. 한번 받은 충격은 P 대리의 말과 행동을 가로막았다. 애써 먼저 표현했던 친근한 말과 행동이 사라지자 주변에 아무도 남지 않았다. '내가 애써서 먼저 노력하지 않으면 내 옆에 아무도 없다'는 허탈감에 상심하고 차츰 퇴사를 준비하는 패턴이 반복됐다.

나를 처음 만나서 P가 했던 말 중에 특히 기억에 남는 것은 "걔네들은 나보다 어린데 저보다 경력은 더 많거든요.", "걔는 회사 다니면서도 자격증 준비하더라구요.", "난 걔들보다 나이도 더 많은데 이제까지 뭐 한 건가 싶겠죠. 그래서 저를 무시하는 거 같아요." 같은 것들이다.

P는 꼭 회사 생활에서 그들과 '친하게' 어울려야 했을까? 그들과 한 무리가 되어 휩쓸려 다니는 것이 그렇게 중요할까? 지금의 나라면 그렇지 않다고 자신 있게 말하겠지만 그 나이대의 나도 크게 다르지 않았다. P 대리는 이제 겨우 서른이다. 오래 직장 생활을 해 본 경험에서 보면 그 나이는 사회 초년생에 불과하다. 한편 그 나이 때는 서른이 엄청난 나이로 보인다는 것도 안다.

P 대리는 내 질문에 처음엔 잘 모르겠다고 했지만 이윽고 마음 깊은 곳에는 자신보다 앞서 나가는 듯한 이들에 대한 두려움을 발견하게 되었다. 그들에게 비추어 본 자신의 모습 때문임을 알게 된

것이다. P는 본인이 원하는 것을 제대로 알지 못한 채 전공에 맞춰 이곳저곳 일할 수 있는 곳을 찾아 들어갔다. 자신의 일보다는 그 직장에 적응하기 위해 이런저런 나름의 노력을 했다. 그 결과 남은 것은 일관성 없는 커리어와 자신도 알 수 없는 모습뿐이다.

"저는 분명 이런 사람은 아니에요. 그런데 어느 순간부터 이렇게 말하고 행동하는 게 나라는 식으로 되어 버렸어요."

진짜 내 모습을 모르겠다는 두려움, 진짜 내 모습이 내가 보는 다른 이들의 모습보다 못할 것이라는 두려움이 훨씬 더 나은 나를 자꾸만 감추고 숨겨 버린다. 그러고는 다른 이들이 원하는 모습으로 그때그때 맞춰 살다 보니 조금씩 지쳐 간다. 다른 이들은 편안하게 살아가는데 나는 날마다 노력해도 불편해지는 현실이 이해가 가지 않는다. 아무 노력도 없이 편해 보이는 이들이 보기 싫고 피하고 싶다. 차라리 눈에 보이지 않으면 낫겠다. 그러면서도 혼자 있는 것은 죽기만큼 어렵고 싫다. 또다시 누군가를 찾아야 하는데, 그렇게 반복하는 내 모습이 지겨워진다.

질투의 또 다른 이름은 두려움이다. 꺼내 보일 수 없는 밑바닥에 자리 잡은 두려움이다. 그 두려움 또한 상대방에 대한 것이 아니다. 내가 나를 믿을 수 없다는 두려움, 그에 앞서 내가 누구인지 모른다는 막연함이 두려움의 근원이다. 나도 분명 편안하게 사랑받고 사랑할 수 있는 사람인데 '그 사람'의 정체가 없어 답답하고 안타깝다. 그래서 나보다 편안해 보이는 이들, 쉽게 사랑하고 사랑받는 이들이 부럽지만 얄밉다. 뭔가 특별한 비결이 있는 것만 같고 나한테만 안 알려 주는 것 같다.

시 〈질투는 나의 힘〉은 이렇게 말한다.

"나의 생은 미친 듯이 사랑을 찾아 헤매었으나
단 한 번도 스스로를 사랑하지 않았노라"

밑바닥 깊이 두려움을 감추고 있는 나를 사랑할 시간이다.

피한다고 해결되지 않는다

직장에서의 모습과 퇴근 후의 모습이 전혀 다른 사람들이 있다. 직장에서는 웃지 않는 이들은 직장 동료들과의 대화를 최소화하며 무표정으로 일관한다. 식사를 할 때도 여러 가지 이유를 대며 어울리기를 피하고, 기회만 되면 회사를 벗어나고자 한다는 것이 말과 행동을 통해 드러난다. 주어진 일은 그럭저럭 하기에 딱히 뭐라 할 것은 없지만 어딘가 모르게 겉도는 느낌이다.

퇴근 후 사석에서 그를 만난 이들은 그를 완전히 다르게 이야기한다. 다른 이들을 만나 이야기하는 것을 즐기고 적극적으로 만남을 주도하기도 한다. 다른 이들에게도 서슴없이 다가가 대화를 청하기까지 하니 그의 회사에서의 모습을 상상하기 어려울 정도다.

내가 실제 상담하고 코칭한 직장인 A 대리의 사례다. 그들은 왜 두 얼굴을 하고 살아가는 것일까? 애초부터 의도한 것은 아니었다고 한다. 다만 괜히 이야기를 꺼냈다가 무시당하지는 않을까, 쓸데없이 이야기를 꺼냈다가 밉보이기라도 할까 봐 스스로를 단속하다 보니 자신도 모르게 그렇게 굳어졌다고 한다. 시간이 지나 갑자기 친한 척을 하기도 어색하고, 다른 사람들이 자신을 어색하게 여긴다는 것을 느끼지만 마땅히 해결할 방법도 보이지 않는다. 그래서 회사 내에서의 모습은 포기하고 대신 퇴근 후 밖에서 스트레스를 해소하는 식으로 나름의 자구책을 마련한 것이다.

나도 내가 왜 이러는지 모르겠다는 A 대리, 표현은 갈수록 더 어렵고 관계는 멀어지고 밖에서 풀려고 해도 회사 안에서의 스트레스는 여전히 그대로다. 사실 막 직장 생활을 시작했을 때는 당연히 처음 하는 일에 대한 두려움이 많다. 상하좌우 인간관계에 대한 부담감이 한꺼번에 다가와 스트레스가 되기도 쉽다. 미숙한 업무 처리로 무능해 보이지는 않을까 걱정되고, 선배들에게 먼저 다가가 볼까 하다가도 다들 바쁘고 멀게만 느껴져 지레 포기한다.

회사에 다니기 전까지는 성격도 좋고 나름 사람들과도 잘 지내는 편이라 믿었는데, 회사에서는 자꾸만 기가 죽는다. 시간이 지나면서 업무에도 자신감이 붙고 인간관계도 자연스러워지는 경우도 많다. 반면 계속해서 알 수 없는 불안과 내 마음대로 되지 않는 좌절이 반복되면서 상황이 악화되는 경우도 있다. 그러다 보니 매일 아침을 맞기가 두렵고, 매주 월요일이 두렵다. 진정한 월요병이다.

A 대리에게 지금이라도 필요한 것은 실체 없는 불안감과 두려움의 원인을 밝히고 하나하나 아주 작은 것부터 해결해 가는 것이다. 단번에 내 뜻대로 되지 않는다고 조급해하지 말아야 한다. 먼저 내가 어떤 관계를 편안하게 여기는지, 업무에서 나를 두렵게 하는 것이 무엇인지를 하나하나 있는 그대로 들여다볼 때 그 자체만으로도 두려움의 상당 부분은 사라진다. 진정한 내 모습을 차근차근 알고 이해할 때 다른 이들과의 관계도 자연스럽고 편안해진다.

그럼 구체적으로 무엇부터 어떻게 시작해야 할까? 오랜 기간의 직장 생활을 통해 가장 효과가 있었던 것은 사전에 몇 가지 기준을 정하고 그 기준에 따라 단계별로 하나하나 들여다보며 정리하는 일이다. 먼저, 직장 생활에서의 감정 상황들은 많은 경우 업무 처리와 그에 관련된 인간관계로 집중된다.

과거의 나에게 항상 알 수 없는 묵직한 불안감을 가져다준 것들을 하나씩 꺼내 놓고 보자 그 안에는 몇 가지로 구분되는 것들이 있었다. 제일 먼저 분류해 낸 것은 무언가 일이 정리되지 않은 느낌, 자꾸만 뭔가 더 있는데 놓친 것 같은 불안감이었다. 상대적으로 접근하기 쉬운 '해결되었다'부터 시작했다. 기한상 끝내고 마친 일들은 '해결'이라는 이름표를 붙이고 버리기로 했다. 작업 노트를 버리기도 했고, 파일로 변환하여 물리적인 부피도 줄였고 무엇보다 '정리했다'는 느낌을 줄 수 있도록 했다. 그 일과 관련하여 더 이상 내가 고민하거나 부담감을 가질 필요가 없다는 마음의 방향을 확실하게 해 두는 것이다.

다음은 '소용없다' 부분이다. 미련 두지 않겠다고 다짐하는 일의 영역이다. '혹시나 기회가 되면' 같은 단서가 붙는 것들은 아무 기록도 남기지 않고 버리기로 했다. 개인적으로 이 부분이 가장 짜릿했는데, 당시 안타깝고 미련 맞던 내 모습이 샤워하듯 시원하게 씻겨 내려가는 듯했다. 그냥 버리고 잃어버린 셈 쳤다. 실제로 '혹시나' 같은 일은 '역시나' 일어나지 않았다. 그래서 더욱 만족감이 큰 영역이다. A 대리도 훗날 이 부분을 정리한 것이 두고두고 마음에 남고 뿌듯한 느낌을 준다고 했다.

마지막으로 가장 힘든 부분이 '꼭 하고 싶은 것'을 추리는 일이다. 나름의 도전 목표를 세우는 일이기도 하다. 솔직히 이 부분은 나도 한 번에 정리가 되지 않았다. 과거의 기억이 새삼스러워 다시 들춰보기도 했고 자꾸만 미련이 남는 것들도 많았다. 반면에 뭘 해도 힘들 것 같다는 생각에 다 접고 고개를 좌우로 흔들기도 했다. 언젠가는 해야 할 일이고 한번쯤은 만나야 할 일이니 지금 마음먹었을 때

계획해 보기로 했다. 이제까지 자꾸만 피해 다녔지만 그런다고 해서 해결되지 않았다. 오히려 '예전에 기회 있을 때 해 버릴 것을 이렇게 똑같은 고민을 또 해야 하나?' 하는 한심한 생각만 들지 않았는가 말이다.

인간관계도 마찬가지였다. 제일 먼저 시작한 것은 지나간 인연들에 대한 정리다. 흐지부지된 이들과의 관계를 정리한다. 명함도 정리하고 연락을 이어 가던 모임방도 나온다. 상대방은 내가 정리를 하든 나오든 알아차리지 못할 수도 있다. 하지만 이러한 '의식'은 나에게 중요하고 그래서 필요하다. 내가 스스로 관계를 정리하고 나왔다는 증거와 만족감이 다음 단계로 이어 가는 결정적인 역할을 하기 때문이다.

다음 단계는 지금의 나에게 중요한 관계에만 집중하는 것이다. 나를 힘들게 하는 관계에 연연한 나머지 직장에서의 모든 관계를 부담스러워할 필요는 없다. 반대로 내가 좋아하는 소수와의 개인적인 관계에 집중한 나머지 직장 내 인간관계의 본질을 흐리는 것도 결과적으로는 나에게 불리해진다.

당장 붙어 다니는 몇몇이 절실할 수는 있겠지만 그들이 떠날 때의 불안감이 존재한다면, 그 관계는 나에게 충분하지 않다는 뜻이다. 내가 반드시 거쳐야 할 관계도 있는 법이다. 중요한 것은 그들을 대하는 방식, 그들과의 소통 방법 정도일 뿐이다. 직장에서의 관계는 업무를 중심으로 하기 때문에 감정적인 기대가 클수록 실망도 클 수밖에 없다. '인간적으로 어떻게 그러냐'는 생각이 들더라도 '업무적으로 그럴 수 있다'는 결론이 나는 곳이다.

내가 내 관계의 중심을 잡는 것이 중요하다. 당장 불편하다고 피하기만 하면 결정적인 순간에 난처해진다. 평소 교류가 없고 일부러 피하던 이들에게 부탁을 하거나 도움받을 일이 반드시 생기는 식이다. 아무 관련 없는 이들은 평소에도 신경 쓸 일이 없다. 그렇게 신경이 쓰였다는 것은 어떤 식으로든 내 주변에 있었다는 뜻인데, 어찌어찌 순간은 모면했지만 결정적인 순간에 내 발목을 잡기도 한다는 뜻이다.

피한다고 언제까지 피해지지도 않는다. 피하려고만 하면 언젠가는 가장 원치 않는 상황과 방법으로 만나게 된다. 내가 그렇게 끌어당겼기 때문이다. 대신 내가 중심을 잡고 있으면 지금의 조건에서 할 수 있는 일들이 보인다. 지금 불편한 이들과는 업무의 범위를 정하고 그 안에서는 최대한 협력을 한다든지, 지금 편안한 이들과도 사적인 범위를 정하고 그 이상을 넘지 않는다든지 하는 식으로 정리를 한다. 할 수 있는 것부터 하나씩 마주하기 시작할 때 업무도 인간관계도 의외의 가능성이 보이고 기회도 발견하게 된다. 가능성과 기회를 한 번씩 허용할 때마다 이제까지 나를 두렵게 하던 것들이 하나하나 걷히는 것을 경험하게 될 것이다. 나를 둘러싸고 무겁게 짓누르던 것들이 사라져 가면서 나는 더 가벼운 발걸음으로 행동반경을 넓힐 수 있다. 그렇게 자유롭게 다니기 시작하면 더 이상 피하거나 두려울 것은 없다. 내 앞의 것들을 당당하게 마주하고 인사로 시작하면 그뿐이다.

자존감 도둑은 따로 있다

얼마 전 저녁 집에 들어가니 어린 아들이 신나게 달려와 나를 반긴다. 나도 얼른 안아 주고 싶어 식탁 위에 시계를 풀어 두고 손부터 씻는다. 얼마쯤 지나 아이를 내려놓자 아이는 식탁 위의 시계를 들고 "똑딱똑딱"이라며 신나게 들고 뛰어다닌다. 얼마 전에 자동차 키를 식탁에 두었다가 아이 장난감 틈에서 힘겹게 찾아낸 기억이 떠오른다. '또 어디 장난감 틈에 숨기면 곤란한데'라는 생각이 잠시 들었다가 깡충깡충 뛰는 귀여운 모습에 또 웃는다. 그러고는 나는 나대로 집안일을 했던 것 같다.

다음 날 아침, 외출 직전 시계를 차려고 식탁 위를 보니 없다. 분명 어젯밤 식탁 위에 올려 두었고 아이가 들고 뛰어다니던 것이 마지막 모습으로 기억난다. '아, 저 많은 장난감 속으로 들어간 거 아냐? 어떻게 찾지? 찾기 힘들 텐데….' 하는 생각이 들자 나도 모르게 아이를 붙들고 묻는다.

"우리 아기, 엄마 시계 어디다 뒀어?"
"요기요기요기요기 식탁에~"
"식탁에 없는데? 빠방(장난감 자동차) 사이에 들어갔나?"
"아니이~요기요기요기요기 요렇게~"

갓 두 돌 지난 아이에게 답을 기대하다니 나도 어지간히 급했나 보다. '아이가 못 만지게 얼른 치웠어야 했는데….' 나도 모르게 내 자신과 '내 시계를 가져갔다고 믿는' 아이에게 아쉬운 마음이 든다. 할 수 없이 집을 나서 엘리베이터 안에서 자동차 키를 찾는다고 가방 안을 뒤적거리는 순간! 여기 있다. 그 시계.

어젯밤 이미 '자동차 키처럼 잃어버리면 안 된다'는 나의 잠재의식이 아이가 잠시 가지고 놀다가 식탁에 올려 둔 사이 잽싸게 가방에 넣어 두게 한 모양이다. 아이는 시계를 가져간 것이 아니었다. 아이를 의심한 내가 바로 범인이었다.

문득 이런 일이 내가 가진 물건에만 해당하는 것이 아니라는 생각이 들었다. 살다 보면 어느 순간 낮은 자존감에 허덕이는 자신을 만난다. 특히나 직장 생활로 하루하루 어떻게 돌아가는지 느낄 새도 없을 때는 더욱 그렇다. 어느 순간 돌아보면 바닥까지 떨어져 '내 자존감은 대체 어디로 갔지?' 싶은 때가 온다. 아무것도 모르는 아이를 의심한 나처럼 떠오르는 누군가를 '자존감 도둑'으로 의심하기도 한다.

진짜 자존감 도둑은 누구일까? 만날 때마다 같이 한숨 쉬며 힘들어하는 친구들? 회사만 다니다가 혼자 늙어 죽는다며 안달복달하는 부모님? 내가 하는 일마다 족족 태클 거는 직장 상사? 내 편인 듯 아닌 듯 나를 돌려 깎는 옆자리 동료? 그것도 아니면… 혹시 나는 아닌가?

모두 다 용의자다. 누구나 자존감 도둑이 될 수 있고 누구에게나 같은 자존감 도둑이 있는 것도 아니다. 중요한 것은 자존감 도둑은 따로 있다는 점이다. 주변 사람만 의심하며 누구일까 찾아다니고 '바로 저 사람 때문이구나'라고 여기며 살아왔다고 치자. 알고 보니 자존감 도둑은 다른 사람만을 탓하며 돌아보지 않은 나 자신이었다. 반대로 '모든 것이 못나고 부족한 나 때문'이라며 자신을 비난하던 이들은? 자존감 도둑은 알고 보니 "네가 하는 일이 다 그렇지"라며 무시하던 가장 가까운 사람들일 수도 있다는 것이다.

중요한 것은 자존감 도둑의 정체부터 알아보는 것이다. 무턱대고 나 때문에, 누구 때문이라고 단정짓지 않는다. 처음엔 다른 이 때문이라고 하다가도 반복해서 곱씹는 동안에 제대로 대응하지 못한 자신에게 실망하며 자책으로 바뀌기도 한다. 나를 자책하는 마음에 억울함이 더해져 다른 이들에게 비난의 화살을 돌리기도 한다.

자존감 도둑의 정체를 밝히는 것은 항상 깨어서 나를 들여다본다는 것이다. 도둑이 도둑인 이유는 나의 의지나 정해진 때와 상관없이 아무 때나 들이닥쳐 나도 모르게 훔쳐 가기 때문이다. 나에게 얼마나 소중한 것인지 헤아리지 않고 내가 아끼고 귀하게 여기는 것들을 함부로 가져가 버린다. 그래서 귀중한 것은 수시로 들여다보고 나만이 열 수 있는 금고에 보관하며 가져가지 못하도록 하는 것 아니겠는가.

그럼에도 자존감 도둑은 내가 방심한 틈을 타 언제든지 들어올 수 있다. "도둑이야!"라고 외칠 새도 없이 나도 모르게 들이닥치고 단숨에 쓸어가 버리기도 한다. 그러고 나면 말 그대로 탈탈 털린 기분으로 허탈해진다. 가끔 누군가를 만나고 돌아와 "영혼까지 탈탈 털렸다"고 표현한다. 그때 만난 이들이야말로 명백한 자존감 도둑이다. 더 위험한 도둑도 있다. 내가 털렸다는 사실조차 알지 못하도록 교묘하게 가져가는 부류다. 너무도 자연스러워서 나도 내가 도둑맞았다는 사실을 모른다.

K는 8년 차 직장인이자 워킹맘이다. 어릴 때부터 공부를 잘했는데, 부모님, 특히 아버지는 K가 교사가 되기를 원했다. 본인은 교사는 특별한 사명감이 필요하다고 여겼기에 적성에 안 맞는다고 생각했다. 노력파답게 K는 현재 여성들에게 인기 많은 사내 복지가 뛰어난 회사에서 탄탄하게 자리를 잡았고 회사 어린이집에 아이를 보내며 열혈 워킹맘으로 지내는 중이다.

그럼에도 일평생 공무원으로 지낸 아버지의 잔소리는 아직까지도 이어진다. 사기업들은 모두 다 먹고살기 힘들고 언제 망할지 모른다는 식이다. 아이 키우면서 일하는 K가 불쌍하고 가엽다며, 공무원은 몇 년씩 육아휴직도 할 수 있는데 안타깝다고 한다. K는 아버지가 자신을 아끼고 사랑하니까 하는 말이라고 여겼다. 그런데 좋은 말도 한두 번이지, 아버지는 왜 자꾸만 자신을 보며 혀를 차는지 갈수록 마음이 불편했다. 급기야 아버지 앞에만 가면 자기도 모르게 위축되고 말을 아끼게 되었다. 힘들다는 이야기는커녕 괜히 일과 관련된 이야기라도 나올까 봐 조마조마하기에 이르렀다.

K의 남편도 마찬가지였다. K보다 높은 연봉을 받고 있는 남편은 K가 야근을 하거나 특정 프로젝트 때문에 힘든 내색을 조금이라도 비치면 가차 없이 입을 열었다. 자신은 더 힘들게 일한다며 돈 벌기 쉬운 줄 아느냐고 직장 상사보다 더 입바른 소리를 했다. 남편이야말로 자신을 누구보다 잘 이해해 주리라 믿었는데 말 한마디만 잘

못해도 무능력한 월급 도둑 보듯 하는 남편이 야속했다.

친정 엄마는 힘들면 그냥 집에서 아이 잘 키우는 것도 훌륭한 일이라며, 당신이 전업주부였기에 너를 이렇게 키워 낼 수 있었다고 한다. 남편이 벌어다 주는 돈으로 알뜰하게 살림하고 자기 관리하면서 예쁘게 사는 것도 좋지 않겠느냐고 말이다. "난 엄마처럼 살기 싫어요"라고 하는 순간 친정 엄마는 "그래, 나는 못 배우고 못나서 이렇게 살았다. 너 위해서 하는 소리지. 엄마가 그런 말도 못 하냐"며 되레 서운해하는 것이다.

K는 아무도 자신의 이야기를 듣지도 이해하지도 못하는 가운데 스스로에 대한 믿음조차 잃어버리고 있었다. 회사 다니며 아무리 열심히 아이를 키워 봐야 '교사가 되지 못해 힘들게 일하는 직장인, 무능력한데 억지로 버티는 눈칫밥 먹는 부속품, 아이에게 전념하지도 못하는 어설픈 엄마'일 뿐이었다.

여기까지가 모두 K의 자존감 도둑들 이야기다. K는 나와 함께 코칭을 받으면서 가장 가까운 사람들, 믿고 의지하고 싶었던 이들이 자신의 자존감 도둑이었다는 사실에 놀라고 슬퍼했다. 사랑하는 가족이지만 자존감 도둑들에게 의지하거나 모든 것을 내어 줄 필요가 없다는 것도 깨닫게 되었다. 이전과 같이 그들에게 힘든 이야기를 들어 주거나 알아주기 바라는 대신, K 자신만의 영역을 찾는 데 집중하기로 했다. 스스로를 들여다보며 동기 부여해 주고, 긍정적인 성공자들의 모임에 참석하며 본인의 발전에 초점을 맞추는 쪽으로 전환했다. 힘든 일이 있을 때면 다양한 외부 활동에서 만난 선배 워킹맘들과 대화하며 조언을 얻었다.

그 결과는 놀라웠다. K 자신도 처음에는 믿기 어려웠다고 할 만큼 자존감 도둑들이 점차 수그러들기 시작한 것이다. 어딘가 모르게 예전과 다른 생기 넘치는 K는 이제 딱하거나 불쌍하다는 말을 갖다 붙이기가 누가 봐도 어색했다. 프로젝트 해결을 위해 선배인 남편의 조언을 구하자 남편은 특유의 섬세함으로 실질적인 조언을 하고 도움이 되는 이들을 소개시켜 주기까지 했다. 그렇게 K는 자존감 도둑들과 멀어진 덕분에 오히려 자신과 가까워진 셈이다.

자존감 도둑은 따로 있다. 내가 알지 못하는 사이에 들어와 야금야금 갉아먹기도 하고 눈 깜짝할 사이에 휩쓸어 가기도 한다. 중요한 것은 자존감 도둑이 존재한다는 사실을 깨닫고 그 정체부터 밝히는 일이다. 자존감 도둑은 가장 가까운 이들일 수도 있다. 그래서 처음에는 더욱 놀랍고 당혹스럽기도 하다. 다행인 것은 자존감 도둑에게 일방적으로 당하고만 있지 않아도 된다는 점이다. 내가 나에게 집중하면서, 내면의 생기를 찾고 힘을 키우면서 얼마든지 달라질 수 있다. 변화는 크게 두 가지다. 자존감 도둑이 더 이상 도둑으로 힘을 쓰지 못하게 되거나, 자존감 도둑들과 자연스럽게 멀어

지면서 영향을 받지 않게 되는 것이다. 자존감 도둑 때문에 힘들고
괴로웠다면 이제 도둑들에게 이별을 고할 시간이다.

자기 비난의 늪에서 빠져나와라

감정코칭을 하다 보면 참으로 다양한 연령과 직업의 사람들을 만나게 된다. 모두들 제각각 자신만의 사연이 있다. 아무리 비슷한 나이대의 같은 직업을 가진 사람이라고 해도 개개인의 감정 사건은 천차만별이다. 직장인들의 하루 일과가 다 거기서 거기라고 생각할지도 모르겠다. 하지만 그 안에서 겪게 되는 일은 하나하나 모두 다르다. 표면적으로 같아 보일지라도 그 안에 있는 사람들의 성향이 모두가 다르고 그 상황과 사람들을 받아들이는 방법이 모두 다르기 때문이다.

그중에서도 특히 자신에게 엄격한 이들의 이야기를 하고자 한다.

바로 자신이 배우고 느낀 것을 모두 자신만의 완벽한 기준으로 만들어 자기계발이라는 이름으로 끊임없이 자신을 채찍질하는 이들이다. 겉으로 보기에는 날마다 노력하는 성실함이 돋보이지만 정작 날마다 자신을 완벽함의 기준으로 몰아세우고 있다. 날마다 무언가 열심히 하지만 만족스럽지 않다. 아무리 노력해도 부족하다는 생각에 자꾸만 불안하다. 불안감에 휩싸인 이들은 예민해진다. 다른 이들의 반응 하나에도 날카롭게 촉을 세우며 민감하게 군다. 말 한마디 한마디에 자신만의 의미를 부여하며 자꾸만 그 크기를 키운다. 상대방이 별 뜻 없이 한 말도 나름의 해석을 덧붙이면 순식간에 상처가 된다. 동시에 그것을 벗어나고자 더 안간힘을 쓰며 노력에 노력을 더하게 된다. 예전보다 더 높아진 기준, 언제까지나 도달할 수 없는 기준을 만들어 날마다 아슬아슬 다다르지 못하는 자신에게 거듭 실망하고 자책한다.

유독 자신에게 엄격한 이들이 가장 듣고 싶어 하는 말은 무엇일까? 그것은 바로 "당신은 정말 완벽하네요"라는 말이다. 그러다 보니 완벽하고자 하는 열망이 자신에게는 쉴 틈 없는 채찍질과 자책으로, 남들에게는 '완벽하게 잘 보이고자' 하는 완벽한 미소와 온화한 음성으로 표현된다. 그래서 속 모르는 다른 사람들에게 이들은 '흠잡을 데 없이 훌륭한' 사람일 수도 있다.

완벽을 추구하는 것 자체는 개인의 성격이라 할 수도 있다. 하지만 그 과정에서 자신에게 하는 말과 행동을 들여다볼 필요가 있다. 내가 나에게 무엇을 이야기하고 있는지 내가 나를 무엇이라고, 어떤 사람이라고 하는지 말이다. 우리의 뇌는 내가 나에게 하는 말이나 남이 나에게 하는 말을 가리지 않는다. 내가 소리 내지 않고 혼자 생각하는 내용도 모두 소리 내어 말한 것과 같이 나의 뇌에 기록되기 때문이다.

그렇다면 완벽을 원하는 이들이 가장 싫어하는 것은 무엇일까? 그것은 바로 다른 이들이 나의 부족함, 완벽하지 않음을 지적하는 것이다. 이것이 너무나도 싫어서 스스로를 채찍질한다. 그러나 그런 사람이 잊고 있는 사실은 자신이 그렇게도 싫어하는 것을 스스로 반복해서 때로는 밤새도록 주입하고 있다는 것이다.

직장인들이 회사에서 주로 듣게 되는 말은 무엇인가? 대부분 '좀 더 해야 할 일, 노력할 부분'에 대한 이야기다. 이미 잘하고 있는 것은 더 이상 이야기할 필요가 없다고 여겼거나 아직까지는 눈앞에서 이야기하는 것이 낯간지럽고 쑥스럽다고 여기는 이들도 많다. 그래서 표현하게 되는 것은 틀린 것, 부족한 것, 다른 것들뿐이다.

완벽을 추구하는 이들은 이런 이야기에 더욱 민감하게 반응한다. 이것이 자신에게 '나는 완벽하지 않아, 노력이 부족해, 이것밖에 안 되다니…' 등과 같은 말로 들리기 때문이다. 그 순간 특정한 일에 대해서만 이야기한 것도 자신에 대한 문제로 받아들이고 다른 사람의 말을 통해 한 번, 그것을 해석하고 받아들이는 나를 통해서 또 한 번 자신을 채찍질한다. 그러면서도 다른 이들에게는 여전히 잘 보이고자 한다. 상대적으로 다른 사람에게는 더 친절하게 대할수록 그것을 지켜보는 나의 자존감은 점점 무너진다. 자신도 모르게 '나는 저 사람보다 대우받을 가치가 없는 사람이구나'라는 식의 메시지를 자신에게 전하기 때문이다. 그러니 지금 당장 이중적인 채찍질을 중단해야 한다.

그 대신 무엇을 해야 할까?

첫째, 내가 바라보는 방향부터 전환한다.

내가 봐야 할 것은 내가 못하는 것, 부족한 것이 아닌, 내가 잘하는 것, 해낸 것이다. 완벽한 겉모습이 아닌 완전히 쏟아부은 노력을, 부족함이 아닌 이미 가지고 있는 것을 먼저 보아 준다. 자기 비난의 방향은 부족한 것, 갖지 못한 것, 하지 못한 것이다. 그 방향만 바꿔 주어도 많은 것이 달라진다. 달리는 자동차를 나아가지 못하도록 막는 데는 엄청난 힘이 든다. 달리는 그 힘보다 더 큰 힘이 필요하다. 자칫 막으려던 자동차가 자신을 쳐서 다치게 할 수도 있다. 또한 막아 내지 못하면 마찬가지로 자책의 이유가 되어 버리고 만다.

달리는 자동차의 방향을 바꿔 주면? 원하는 방향으로 그 에너지를 바꿔서 사용할 수 있게 된다. 억지로 막지 않아도 된다. 방향만 바꿔 주면 된다. 누구도 다치거나 억지로 힘을 줄 필요도 없다. 중요한 것은 방향을 바꿀 수 있고 그 방향키가 내 손에 이미 있다는 것을 깨닫는 것뿐이다.

둘째, 내가 가진 것에 감사하며 아낌없이 사용한다.

방향을 전환하여 내가 가진 것을 보게 되었다고 하더라도 그것만으로 그치면 또다시 그 안에서 더 채울 무언가만 찾기 쉽다. 중요한 것은 내가 가진 것에 감사하며 아낌없이 사용하는 것이다. 아직은 아닌 것 같고 완벽하지 않아 부끄럽게 여기는 것으로는 아무것도 변화하지 않는다. 오히려 내 안에 많은 것이 있음을 알고도 사용하지 않는다는 죄책감만 더할 뿐이다.

내가 가진 것을 충분하게 여기며 감사한다. 지금 이것으로도 충분히 내가 원하는 일들을 시작할 수 있고 해낼 수 있다는 사실을 믿고 받아들인다. 그 가운데 지금의 조건에서 내가 할 수 있는 일들이 보인다. 완벽하게 될 언젠가를 기준으로 하면 언제까지나 시작하지 못한다. 중요한 것은 아무 부담 없이 단 한 발짝만 내디뎌 보는 것이다. 완벽함의 기준이라는 것도 알고 보면 혼자만의 기준에 불과하다. 누군가에게 나는 이미 준비된 사람이고 충분한 사람이다. 내가 믿든 믿지 않든 사실이다. 객관적으로 부족하다고? 그 객관적이라는 기준 자체가 이미 나의 편견이다. 다른 사람과의 비교에서 만들어 낸 나만의 공식이다. 나부터 내가 가진 것에 감사할 때 나눌 수 있는 힘이 생긴다. 감사하며 긍정적으로 나눈 것들에 그 에너지가 실린다. 그리고 그 에너지는 누군가에게 꼭 필요한 동기 부여가 된다.

셋째, 잘 보이기 위해서 남발하던 입에 발린 칭찬도 그만두자.

흔히 다른 이들을 비난하지 말라는 이야기는 정말 많이 듣는다. 완벽을 추구하고 자기 비난에 빠진 이들에게는 조금 다르다. 이들은 자신이 비판적이고 비난하고 싶어 한다는 것을 알기에 오히려 내 이미지를 위해 의식적으로 다른 이들을 칭찬하는 일도 많다.

내가 나를 제대로 보지 못하고 비난했듯이 다른 이들에게 하는 입에 발린 칭찬도 그들을 제대로 보고 한 이야기는 아니다. 상대를 위한다기보다 오히려 그렇게 이야기하는 자신의 모습을 포장하기 위해, 나는 칭찬을 잘하는 사람이라는 나만의 이미지 충족을 위한 측면이 더 강하다는 뜻이다. 대단한 어휘가 아니더라도, 단 한마디를 하더라도 진심으로 에너지를 담아서 이야기할 때 나는 물론 상대방에게도 그대로 긍정적인 영향력이 전해진다.

자기 비난은 나에게도 남에게도 진심을 전하지 못하고 자신의 모습을 감추려 든다. 자기 비난의 늪에서 벗어나라. 그리고 나와 다른 이들이 가진 것을 있는 그대로 바라보며 감사함으로 주고받는 것이다. 언제 어디서든 기본은 같다. 직장 생활도 마찬가지다. 억지로 꾸미거나 잘 보이려고 할 필요 없이 편안하게 진심을 전하는 것, 그것이 진짜 자존감과 관계의 시작이다.

진심으로 말하는데 넌 참 일 잘해.
그러니? 나도 네가 잘한다 생각해.

행동하면 불안감은 사라진다

퇴근 후에 연락을 하거나 전화나 이메일, 특히나 카톡 등으로 수시로 업무 지시를 하는 상사와 고객들이 있다. 이 때문에 아예 퇴근 후 전화와 이메일을 금지하는 회사도 늘고 있다. 반가운 변화다.

이에 반해 내일의 업무가 걱정되어 잠을 이루지 못하는 경우도 있다. 과거의 나 또한 좀처럼 잠 못 이루는 날들이 한동안 이어졌다. 그 시간에 주로 했던 생각들은 대체로 이렇다. '내일 내가 계획한 대로 일이 착착 진행되지 않으면 어쩌지? 내일 회신을 주기로 한 이들이 연락을 미루거나 안 된다고 하면?'

나는 왜 이렇게 불안해했을까? 사실 어떤 일도 아직 일어나지 않왔다. 그런데 왜 자꾸 일어날 것만 같은 느낌이 드는가? 어떤 식으로든 과거에 학습한 내용, 그것을 실시간으로 일깨워 주는 기억들 때문이다.

나도 머리로는 알고 있다. 지금 당장 일어나지 않을 일이고, 대부분은 평생 일어나지 않는다는 것을 말이다. 그러나 마음으로 받아들이지 못할 뿐이다. 우리가 가장 불안하고 공포스러울 때는 상대가 보이지 않을 때다. 가린 것을 풀고 똑똑히 보면 무시무시한 소리로 들렸던 것이 사실 별것 아닌 소음에 불과했고, 내 머릿속에 있던 것보다 훨씬 별것 아닌 눈앞의 모습에 안도하게 되는 경우도 많지 않던가.

공포영화를 무서워하면서도 어떻게든 보고야 만다는 한 친구의 비결은 '소리 *끄고* 영화 보기'다. 아이러니하지만 소리로 상상되는 부분을 꺼 버리고 화면 자체만 보니, 내용이 이해되면서도 무서움 없이 영화를 즐길 수 있었다고 한다. 당시에는 별 희한한 방법으로 본다며 웃고 넘겼지만 돌아보면 일리가 있다. 영화를 본다는 것에만 집중하여 '볼 수 있는 방법'을 찾아서 실행한 것이다. 보고 싶지만 소리를 키워 두고 무서워만 했다면 얼마 지나지 않아 포기해 버렸을지도 모른다.

불안감에 휩싸인 1분은 한 시간과도 같다. 깊은 밤 두려움에 한참 동안 떨다가 시계를 보아도 불과 몇 분밖에 지나지 않았다. 이렇게 가지 않는 시간과 줄어들지 않는 막연한 불안감 사이에 갇혀 이도 저도 하지 못하고 고통스러워하는 것이다.

괴테는 '시간을 단축시키는 것은 활동이고, 시간을 견디지 못하게 하는 것은 안일함이다'라고 했다. 내 마음이 좀 더 편안하게 받아들일 수 있도록 행동으로 보여 주면 어떨까? 공포영화를 즐기는 그 친구가 소리를 줄여서 끝까지 볼 수 있었던 것처럼 행동으로 직접적으로 개입하는 것이다. 행동한다는 것은 내가 컨트롤할 수 있음을 보여 주는 가장 강력한 방법이다. 무기력한 상황에서 흔히 '옴짝달싹하지 못 한다'고 한다. 이를 바꿔 말하면 내가 움직이는 한 무기력한 상황에 갇히지 않는다는 뜻이기도 하다.

C 대리의 상황이 이와 같았다. 직장 상사의 말 한마디 한마디가 너무 두려운 C 대리. 모든 이들이 아닌 특정인에 대한 두려움이 너무나도 컸다. 준비되지 않은 상태에서 다른 이들이 보는 앞에서 자신을 비판하고 비난한 그 사람의 말은 이후에도 자꾸만 떠올라 원치 않는 순간에 쉴 새 없이 불안감을 만들어 냈다. 집에서 혼자 쉬고 있는 시간에도 자꾸만 회사 안에 있는 듯한 느낌이었다. 한 공간에 함께 있었던 시간만큼 혼자 있는 시간에도 자꾸만 그의 목소리가 들려오는 듯했다. 다음 날 출근해서도 제일 먼저 걱정되는 것은 그의 목소리다. 그가 또 무어라 할까 미리 이런저런 말들을 떠올리며

계속해서 불안감을 만들어 내고 있는 자신을 보았다. 본인도 그러고 싶지 않지만 혼자 있을 때면 어김없이 떠오른다고 했다. 그래서 혼자 있는 것이 무섭고 싫다고까지 했다.

불안과 공포는 혼자 있을 때 끊임없이 재생되기 마련이다. 다른 이들과 함께 있을 때는 그들의 이야기와 반응에 집중하느라 다른 것을 떠올릴 여력이 없었지만 혼자 있을 때는 그것이 오롯이 자신에게 집중되는 것이다. 집중되는 그것을 다른 곳으로 전환하지 못하니 그 순간 가장 자극적이라고 여기는 것들이 자동적으로 떠오르게 되고, 무방비로 그것을 받아들인 나는 덩달아 자동적으로 그러한 부정적인 기억을 반복하게 된다.

가장 쉬운 방법은 지금 당장 내가 무엇을 걱정하고 있는지 하나하나 적어 보는 것이다. 이왕이면 손의 감각까지 명확하도록 커다란 백지에 큼직한 글씨로 써 내려가도 좋다. 내 머릿속에서 나를 괴롭히는 생각들이 무엇인지, 내가 두려워하는 것이 무엇인지 그 실체를 적어 놓는다. C 대리의 경우 이 과정만으로도 한결 정리되는 느낌이 들었다고 한다. 별것 아닌 것 같은 이 과정도 혼자서는 차마 하지 못할 만큼 힘들어 보인다. 다행히 나와 함께 하면서 하나하나 적어 내려가기 시작했다. 적는 것만으로도 머릿속이 한결 정리되는 것이 느껴진 것이다. 적고 보니 종이 한 장을 넘기지 않았다. 결국 종이 한 장 안에 다 들어가는 정도에 불과하지 않은가. 실체 없는 머릿속 상상의 공간에서는 무한대로 느껴졌는데 말이다.

다음으로 이제 각각의 두려움에 대해 실제로 일어날 수 있는 최악의 상황을 적어 보았다. 내가 두려워하고 불안해하는 그 일이 정말 일어났을 때 어떻게 되는가에 대한 부분이다. 머릿속 상상으로 존재했던 모든 것을 다 쏟아 내도 좋다. 얼마든지 적어 보자. 앞서 두려움에 대한 부분은 무한대에 가까울 정도로 상상 가능했지만 실제로 그런 일이 일어났을 때 어떨 것인가에 대해서는 그에 비하면 아주 적은 분량이었다. 실제 그런 일을 경험한 적도 없고 그에 대해서는 막상 어떻게 대응할 것인지 구체적으로 생각해 본 적도 없었다는 뜻이기도 하다. 이제까지의 불안이 얼마나 근거 없는 막연한 것이었는가에 대한 반증이기도 하다.

다 적었다면 한번 보자. 충분히 다 적었는가? 남김없이 다 쏟아 내었는가? 먼저 봐야 할 것은 말 그대로 있는 그대로를 바라보는 것이다. 그러한 상황이 직장에서 일어날 확률은 얼마나 될까? 그 상황이 정말 최악의 상황인가? 내 삶과 바꿔야 할 만큼? 내 귀중한 인생의 시간과 기회를 포기해야 할 만한 일일까? 직장 생활에서 일어나는 일이 그만큼의 가치가 있을까?

여기까지 스스로 질문하다 보면 대부분은 '그렇지 않다'는 것을 알게 되고 처음보다 한결 마음이 편안해진다. 그럼에도 여전히 해결되지 않는 부분이 있을 수 있다. 그렇다면 이제 해야 할 일은 그런 일이 일어났을 때 어떻게 대응할 것인가다.

그냥 잘하는 것이 아니라 실제적으로 어떻게 할 것인지 나름의 플랜 A, B를 갖는 과정이다. 최악의 경우 회사에서 쫓겨난다고 하면 그 후 어떻게 할 것인지를 미리 계획해 두는 것이다. 사실 떠나면 그만인 경우도 많다.

불안감은 대체로 현재 상황에만 몰입한 나머지 그곳을 떠난다는 것 자체를 생각하지 못하는 경우에 생긴다. 묘하게도 그 조직 안에서의 패배감을 자신에 대한 실패로 여겨 다른 곳으로 가는 것을 실제보다 더 크게 어려워하기도 한다. 하지만 제3자의 시각에서 볼 때 그것만큼 어리석은 일도 없다. 그래서 이해관계가 전혀 없는 제3자를 통해 자신의 상황을 구체적으로 낱낱이 마주하고 들여다볼 필요가 있다.

이제는 그 일이 일어나도 방법이 있고, 솟아날 구멍이 있다는 확신이 든다. 그러면 성공이다. 이제는 말 그대로 다리 뻗고 잠을 잘 수 있다. 자도 된다는 마음이 드는 것이다. 그리고 잠을 잘 자면 더욱 마음이 편안하고 여유로워진다. 그런 여유롭고 편안한 마음이 또다시 나에게 기회를 주고 확신을 심어 주게 된다.

시작은 작은 행동 하나였다. 불안감에 짓눌려 옴짝달싹 못 하고 있는 대신 종이에 적는 순간부터 내 마음은 힘을 얻기 시작했다. 행동하면 불안감은 사라진다. 아무렇게나 움직이기만 한다고 되는 것은 아니다. 명확한 방향성을 찾고 차근차근 행동해 나갈 때 불안감은 사라진다. 순간적으로 불안감을 쫓아내고자 하는 회피 행동이 아니다. 내 마음에 확신 주기, 나의 몸과 마음을 편안하게 만들어 주는 것을 명확한 목표로 하는 행동이다. 이제 더 이상 실체 없는 두려움은 나를 괴롭히지 못한다. 거울 속에 또렷하게 보이는 나를 먼저 생각할 시간이다. 내가 자유롭게 움직이도록 숨통을 틔워 주는 행동, 아주 작은 것부터가 시작이다.

잘나가지 않아도 괜찮다

대학원 졸업 후 뜻하지 않게 외국계 기업에 입사해 내가 초반에 가장 강하게 느낀 것은 불안감과 두려움이었다. 실력이 부족한데 넘치는 일을 하고 있다는 느낌이 수시로 나를 괴롭혔다. 당시로서는 어떤 일이 일어날지 모르는 예측하기 어려운 프로젝트가 나를 압도했다. 밤에 잠들기 전이나 아침에 일어났을 때 특히 더 무겁게 다가왔다. 구분하여 이름 붙여 본다면 잠들기 전에는 두려움, 깨어 있을 때는 불안감이었다. 둘 다 정체를 모르는 느낌이라는 점은 똑같다. 둘 다 나를 움츠러들고 옴짝달싹 못 하도록 만드는 점에서도 똑같다.

직장 생활 중에도 불안감은 때때로 나를 힘들게 했다. 매일 반복되는 두려움과 싸우면서 일을 했다. 두려움을 잊기 위해 일을 했다는 말이 맞겠다. 적어도 일을 하는 동안에는 열심히 하고 있다는 생각에 두려움을 잊을 수 있었기 때문이다. 그럼에도 때때로 밀려오는 불안감은 한시도 일을 놓을 수 없게 만들었다.

난 이른바 '잘나가고 싶어 환장한' 축에 속한 것처럼 보였다. 나와 비슷한 조건의 누군가가 나보다 잘나간다는 이야기를 들으면 배가 아픈 차원을 넘어 온몸이 욱신거렸다. 비슷한 조건이라는 건 내 기준에서다. 내가 봤을 때 비슷한 수준의 대학을 나와 비슷한 연차의 직장 생활을 하고 있다는 전제다. 일하는 분야는 다르지만 나보다 좋은 차를 타고 다니고 비싼 휴양지에서 휴가를 보내고 출장지에서는 최고급 호텔에 머물며 여유롭게 일하는 식이다. 어떻게 아느냐고? 틈틈이 훔쳐본 SNS를 통해서다. 직접 만나서 물어본 것도 아니다. 직접적으로 아는 사이가 아닌 경우도 많았다.

나를 모르는 그들을 상대로 나는 24시간 내내 경쟁을 했다. 출퇴근길에는 내 옆을 지나다니는 그들의 차를 떠올렸다. 일주일은커녕 하루하루 곶감 빼먹듯 쪼개 쓰는 휴가 때는 그나마 지쳐서 잠으로 하루를 보내기 일쑤였다. 출장지에서의 여유란 머리를 감고 메이크업만 할 시간이 있어도 최고의 여유인 셈이었다. 그럴싸한 사진이라도 한 장 남겨 보고 싶은데 내 사진들은 다 그저 그렇고 허접해 보인다. 내가 봤던 그 느낌이 안 나는 것이다.

　그 외에도 수시로 올라오는 일상들을 나 혼자 차곡차곡 쌓아 두며 일일이 나와 비교했다. 그리고 그보다 잘나가기 위해, 잘나간다는 나만의 느낌을 위해 싸웠다. 어느 날은 나도 당시 최고의 티켓 값을 자랑하던 공연의 인증 샷을 찍고 고급 레스토랑에서 꽃다발과 선물 상자를 두고 사진을 찍었다. 조명이 좋아서 그런지 그날따라 사진도 잘 나왔다. 집에 가서도 두고두고 들여다봤다. 최고의 날이었고 최고의 사진이었다. 하지만 그뿐이었다. 친한 친구 몇 명밖에 없는 SNS에 뜬금없이 올린다 한들 별다른 일은 일어나지 않았다. 내가 항상 들여다보는 이들, 정작 보여 주고 싶은 이들에게는 글자 한 자 닿을 수가 없었다. 그리고 애써 'SNS는 인생의 낭비'라며 위로했다.

　나도 잘나가고 싶었다. 내가 잘나간다고 여기는 이들처럼 잘나가고 싶었다. 그들의 방식대로 그들이 하는 것처럼 말이다. 풀 죽은 나는 강남에서 산다며 뿌듯해하던 월세 원룸으로 들어섰다. 10평 남짓한 원룸에는 사 놓고 쓰지도 않은 물건, 입었다 벗어 둔 옷가지와 널브러진 살림살이로 발 디딜 틈이 없었다. 꽃다발은 제대로 정리도 안 되어 나처럼 풀이 죽고 시들어 버렸다.

　들어오자마자 다시 나가고 싶었다. 그 순간 내 꼴이, 이 방을 포함한 모든 것이 지긋지긋했다. 내 한 몸 누일 침대조차 가방 파는 노점상 같다. 들고 나갈 가방을 고른다고 이것저것 펼쳐 놓은 탓이다. 개

수대에는 말라붙은 접시와 수저가, 냉장고에는 뚜껑 열린 생수통과 반투명 창으로 들여다봐도 열고 싶지 않은 샐러드 한 통밖에 없었다. 장을 봐 오는 것도 깜빡했다. 주차하고 집 앞 슈퍼에 들르는 것도 잊은 채 터덜터덜 들어와 버린 것이다.

이건 아니었다. 솔직히 말해 배가 고파서 구체적으로 떠올릴 수는 없었지만 이건 아니라는 느낌이 강하게 들었다. 나도 모르게 '이건 아니다, 정말 아니다'라고 중얼거리고 있었다. 쌀을 꺼내 밥을 안치고 언젠가 사 둔 세 개 묶음 할인 즉석 카레도 만들었다. 밥이 되는 동안 냉장고 안의 것들을 쓰레기봉투에 쓸어 담았다. 시들어 버린 꽃다발도 함께였다. 침대 위의 가방을 털자 언제 사 놓은 건지 모르는 매니큐어며 화장품 샘플과 빛바랜 영수증도 있었다. 쓰레기다. 가방걸이에 가방을 걸고 나자 침대 위에 공간이 생겼다. 그러는 사이 밥이 다 됐다. 입고 있던 옷을 벗어 버리고 트레이닝복으로 갈아입고 걸터앉아 카레를 먹었다.

밥을 먹고 나니 기분이 좀 나아진 것도 같다. 그 참에 바닥에 있던 옷가지들을 모아서 세탁기에 넣었다. 그 옆 싱크대에서 그릇을 닦았다. 철수세미까지 동원해야 할 정도였지만 어쨌든 박박 닦으니 닦인다. 그리고 들여다보니 수세미도 낡아빠졌다. 쓰레기봉투로 직행이다. 잘 닦고 보니 접시는 이가 빠졌다. 올려 놓은 컵 한 개도 그렇다. 쓰레기, 쓰레기다. 손잡이가 덜컹거리고 시커메진 프라이팬도 함께다.

바닥에 흘린 물기를 닦기 시작하려니 머리카락이 천지다. 옷 아래 숨어 있던 먼지는 뭉치가 될 참이었다. 쓸고 닦는다. 걸레를 걸레처럼 사용하기 위해 몇 번을 다시 빨아 헹궜는지 모른다. 닦고 난 걸레도 이제는 안녕이다. 땀이 나서 씻으러 들어가는 찰나 당장이라도 무너질 것 같은 행거가 눈에 들어온다. 튼튼하기로 유명한 브랜드인데도 위태롭다. 하나하나 옷걸이를 넘기다 보니 마치 보물찾기라도 하는 것 같다. '이게 여기 있었네.' 싶어 반가움에 앞으로 꺼내기도 하고 '이게 아직도 있었네.' 싶어 얼른 접어 바닥으로 내리기도 했다. 그렇게 10분 정도만 했을 뿐인데 또 다른 봉투 하나를 가득 채울 만큼의 옷들이 바닥에 쌓였다.

이제 씻자 싶어 욕실로 들어가니 또 다른 세상이다. 바닥에 놓아둔 욕실 용품은 물때와 곰팡이가 곳곳에 눈에 띈다. 어제만 해도 몰랐던 일들이다. 빈 통은 왜 그대로 쌓아 둔 건지 유통기한이 지날 때까지 안 쓰고 뭐 한 거지 싶은 것들이 또 한 가득이다. 또 다른 봉투 하나가 금세 채워진다. 매일 쓰는 기초 용품 몇 가지만 빼고는 모두 봉투로 직행이다. 다시 봐도 의아할 정도로 안 쓰고 못 쓴 것들이 넘쳐났다. 한 개 남은 칫솔로 바꾸고 쓰던 칫솔로 욕실 바닥을 닦았다.

드디어 욕실을 나와 현관 앞에 그득한 쓰레기봉투를 두 번에 걸쳐 버렸다. 이번에는 집 앞 슈퍼에 들르는 것도 잊지 않았다. 찌개거리와 아침 식사용 과일, 간단한 청소도구, 쓰레기봉투 한 묶음을 사 가지고 들어왔다. 다시 들어선 집은 갑자기 조도가 몇 단계는 올라간 듯 환하다. 신축 건물이라 주변 시세보다 월세를 비싸게 내고 있다는 사실이 떠올랐다. 하얀 벽과 바닥, 잘 닦인 싱크대와 그릇, 방금 세탁을 마친 세탁기가 반짝거리고 있는 집이다. 내 집이고 나만의 공간이다. 내가 이곳을 방금 다시 내 것으로 만들었고 배를 채울 음식을 만들고 그 음식으로 힘을 내어 쓸고 닦았다.

더 이상 이 공간에 시들고 풀죽은 것은 없다. 버리고 싶은 불필요한 것도 없다. 내가 원하는 것이 어디에 있는지 어떻게 쓸 수 있는지도 알고 있다. 내가 이 공간의 주인이고 내가 나의 주인이다. 잘나가지 않아도 괜찮았다. 아니, 잘나간다는 의미가 희미해졌다. 도대체 무슨 기준에서 어떻게 해야 잘나간단 말인가. 그걸 평가할 수 있는 이는 누구이며, 그런 평가를 받아들여야 하는 사람들은 따로 있느냐는 말이다. '잘나간다'는 모호함 대신 지금 눈앞에 있는 이 공간, 나에게 집중하면 된다. 알 수 없는 곳에서 남들처럼 잘나가는 것보다 중요한 것은 지금 이 자리에 실재하는 나에게로 잘 돌아오는 것이다. 가장 구체적인 목표와 대상이 있을 때 진짜를 가릴 수 있다. 잘나가지 않아도 괜찮다. 남들이 보여 주는 모습처럼 잘나가지 않아도 괜찮다. 대신 우리의 목표는 잘 돌아오는 것이다. 내가 원하는 모습으로 나에게 잘 돌아오는 것이면 충분하다.

PART 3

나쁜 감정에 휘둘리지 않는
7단계 감정 정리법

EMOTIONAL COACHING

감정도 디톡스하라

P 차장이 점심시간에 '따로 먹기'를 선언했다. 3일간 디톡스를 위해 클렌즈 주스를 마시기로 했다고 한다. 최근에 몸이 무겁고 피부에 뾰루지 같은 것이 자꾸 올라오고 화장실 가기도 힘들어졌다면서 말이다. 찾아보니 독소가 쌓여서 그런 것이었다고 한다. 디톡스를 하는 이유도 제대로 빠져나가지 않고 몸 안에 쌓여서 힘들게 하는 독소들이 빠져나간다고 해서다.

P 차장뿐만이 아니다. '디톡스'라는 말이 여기저기서 들려온다. 말 그대로 '독소를 제거한다'는 뜻이다. 요즘같이 대기 오염이 심각하고 중금속, 방부제 등에 무방비로 노출된 때에 귀에 더 잘 들어오

는 말이기도 하다. 여기에 직장 생활 중 수시로 섭취하는 카페인과 알코올, 체내 노폐물들이 제대로 배출되지 못하고 몸속에 쌓이게 되면 갈 곳을 잃고 독이 되어 여러 가지 질환을 초래한다고 한다. 예를 들면 원인 모를 통증 같은 것인데, 딱 꼬집어 이것 한 가지 때문이라도 말하기는 어렵지만 내 안에 들어온 여러 가지 것들이 이제는 독소가 되어 내 몸의 통증을 유발하고 있다는 것이다.

최소 3일간 그동안 바쁜 회사 생활에서 허겁지겁 별 생각 없이 먹던 것들을 중단하고 유기농 야채 주스를 통해서 온몸을 한번 씻어준다. 덕분에 그 안에 있던 것들이 모두 씻겨 나온다. 잘 비우고 나서는 가능한 한 내 몸에 좋은 자연에서 자란 것들을 섭취한다. 조금씩 체질을 바꿔서 건강하게 살아가도록 하는 것이라고 했다. 듣기만 해도 기분 좋아지는 이야기다.

내 마음에도 독소가 쌓이는 것은 마찬가지다. 어릴 적부터 무방비로 노출된 나의 자아가 여러 상처 속에서 해소되지 못한 감정의 찌꺼기를 한편에 쌓아 두며 살아간다. 어른이 되어서도 마찬가지다. 여러 가지 사회 관계망 속에서 수시로 받아들이는 스트레스를 제대로 풀어내지 못하고 마음 곳곳에 쌓아 둔다. 그렇게 쌓이고 쌓여 자꾸만 썩고 상해 가고 있는 것이다. 어느 순간부터 그곳에서 독소가 뿜어져 나온다. 딱히 무엇 하나, 어떤 사람 어떤 사건 때문이라고 콕 집어 말하기는 어렵다. 하지만 분명 나도 모르게 독이 되어 뿜어져 나오는 것이다.

'그러려고 한 것은 아닌데.', '그 사람이 그렇게 잘못한 것은 아닌데.' 나도 모르게 주체할 수 없는 감정이 폭발하여 쏟아져 나온다. 그 안에 품은 독이 상대방과 나에게도 화살이 되어 날아와 찌르고 아프고 피 흘리게 한다. 이제는 후회라는 새로운 마음의 독이 상처를 파고든다. 이미 난 상처에 후회의 눈물을 흘릴수록 더욱 아프고 쓰리다. 하나씩 들춰 보고 뒤집어 볼수록 가슴만 찢어지고 아프다. 후회가 독이 되는 이유는 그것을 쉽게 중단하지 못하기 때문이다. 아파 죽겠다고 하면서도 어느 순간 자동 재생되는 후회는 고장 난 시디플레이어처럼 의미도 없이 무작정 구간 반복하는 셈이다.

감정코칭연구소 프로그램 중에도 '감정 디톡스'라는 과정이 있다. 몸이 무거워지듯 마음이 무거워질 때 제일 먼저 시작한다. 몸을 위한 디톡스와 마찬가지로 일정 기간 동안 작정하고 내 마음을 비워 내는 훈련을 한다. 혼자서 어찌할 줄 몰라 쌓아 두고 힘들어했던 감정을 나와 함께 깊은 곳에서부터 모두 꺼낸다. 혹은 터질 것처럼 조마조마하고 예기치 않은 순간에 툭툭 터져 나와 당혹스러웠다면 이번 기회에 아예 작정하고 다 시원하게 터뜨려 버리기도 한다. 어떤 식으로든 괜찮다. 자신에게 해가 되지 않는 범위 내에서 다 꺼낸다. 말로, 눈물로, 소리를 질러서, 글로 써서, 끄적이고, 두드리며 다 꺼내 놓는 것이 우선이다.

조건 없이 그것들을 꺼낼 기회가 없었고, 그것을 처음부터 끝까지 지켜봐 주는 이들도 없었기에 묵은 감정이 독소가 되었다. 어떤 식으로든 그때그때 꺼내 보고 또 함께 나눌 수 있었다면 그렇게 오랜 기간 동안 묵혀 놓을 필요가 없었을 것이다. 꺼내는 것은 두렵고 나누고 싶은 사람들은 준비가 안 되어 있다. 그러니 조심스레 꺼냈다가도 다른 사람과 자기 자신에게 곧 실망하고 전보다 더 깊은 곳으로 숨겨 버리고 그러다 보면 그것이 더 심한 독이 된다.

내가 '감정 디톡스' 과정을 시작한 계기는 바로 지난날의 나였다. 예전의 나는 이러한 이름이나 과정도 모른 채 혼자 고심하며 해소할 방법을 찾았다. 뭔지는 모르겠지만 일단 안에 있는 것들을 비워 내야 좋은 것을 채워도 채울 수 있겠다는 생각뿐이었다. 정크 푸드를 하루 종일 먹으면서 몸에 좋다는 영양제와 건강식품을 함께 먹는다고 상쇄작용을 하는 것은 아니다. 오히려 쉬지 못하고 더 피로해진 간과 장이 상황을 악화시킬 뿐이다.

내 감정 상태가 딱 이런 모습이었다. 나 자신을 함부로 여기고 나를 둘러싼 관계를 되는대로 주워 담았다. 한편으로는 자기계발이라는 이름으로 이것저것 읽고 듣고 보며 꾹꾹 눌러 담았다. 미처 소화되지 못한 생각과 감정이 자꾸만 나를 가로막고 행동하지 못하게 했다. 알면서도 실행하지 못한다는 자괴감이 밤낮으로 나를 반복하여 짓눌렀다.

처음엔 단순하게 나와 주변을 정리한다는 목적이었다. 하루 종일 너무나도 바쁜데 자꾸만 허전해지는 마음에 무의미한 일회성 인간관계와 자기계발을 찾아다니고 있었다. 그것이 다시 나를 더욱 바쁘게 만들었고 그만큼 더 허전함을 가져다줄 뿐이었다. 이러한 돌림노래 같은 무한 반복에서 벗어나고자 뭔가 정리해 보겠노라 결심한 것이 첫걸음이었다.

방 정리를 할 때도 시작은 구석구석 처박아 둔 것을 꺼내 보는 일이었다. 나 또한 무엇이 나를 바쁘게 하고 있는지, 내가 무엇을 하고 다니기에 이런 기분이 드는지 꺼내 보기 시작했다. 좁은 방 하나에 뭐가 이렇게 많이 들었나 놀라듯이 한 사람 안에 이렇게나 많은 것이 꽉 들어차 있을 줄은 상상도 못 했다. 메모 조각 하나 버리지 못한 책상 위처럼 하나하나 별것 아닌 것들까지 모조리 끌어안고 계속해서 쌓아 올리기만 했다.

스스로 '해결되었다'고 매듭짓지 못하니까 자꾸만 '나중에 혹시'라는 생각에서 일도 사람도 자꾸만 안고만 있으려 한 것이다. 자기계발도 마찬가지였다. 뚜렷한 목적으로 하나를 배우면 즉시 활용하면서 나의 경험으로 남겨야 했는데 배움 자체에만 집중하다 보니 '언젠가 쓰일지 모르는' 종잇조각처럼 버리지 못하고 있었던 것이다. 그렇게 일할수록, 만날수록, 배울수록 정리하지 못한 찝찝함과 언젠가 해야 한다는 부담감, 여전히 시작조차 하지 못하는 나에 대한 실망감이 그 위에 겹겹이 쌓여 가고 있었다.

제일 먼저 한 것은 가슴을 쥐어짜며 다 쏟아 버린 일이다. 나에겐 의외의 순간이었는데, 뉴욕으로 출장 가는 열네 시간의 비행 시간 동안 2,000원짜리 노트 한 권에 오른손이 덜덜 떨려 힘이 들어가지 않을 때까지 쓰고 또 썼다. 왜 그랬는지 모르겠다. 노트의 목적은 출장지에서의 업무 메모였는데, 가방 속 이어폰을 찾다가 손에 잡히자 나도 모르게 펼쳤던 것 같다. 열네 시간 동안 꼼짝 않고 썼다. 식사 시간 후 불이 꺼진 동안에는 옆자리에 방해가 될까 숨죽여 훌쩍거리기도 했다. 소리도 안 나오는 가슴 답답한 울음에 입만 벌리고 숨도 못 쉬는 순간도 있었다.

그때 적었던 세세한 내용은 잊어버렸지만 지금도 또렷하게 기억하는 건 평소 같으면 차마 입에도 담지 못할 내용들이 아주아주 많았다는 것이다. 누군가와 함께 있는 공간에서는 물론이고 집 안에서 혼자 쓰다가도 두고 외출하지 못할 정도의 내용이다. 하지만 그때만큼은 아무 제약 없이 썼다. 한번 터져 나오자 걷잡을 수 없던 것도 있었고, 옆자리에 곤히 잠드신 미국인 할머니와 깜깜한 기내 환경도 나를 도왔다. 여러 사람이 모여 있는 기내 상황이 내가 혼자 목적 없이 폭주하려는 것을 순간순간 잡아 주기도 했다.

착륙 준비를 한다는 방송이 나오자 자연스럽게 펜을 멈췄다. 의식하지 못하는 사이 눈물 자국도 말라 있었다. 거울을 보고 얼굴을 정리하고 눈을 감고 머리를 기댔다. 열 시간 넘게 써내려 간 내용이 머릿속을 스쳐 지나간다.

무엇보다 좋았던 건 하나하나가 마치 다른 사람들의 이야기인 양, 소설에서 읽은 내용처럼 휙휙 지나간다는 것이다. 만약 그것들을 처음부터 하나하나 머릿속으로만 떠올리려고 했다면 순간순간 감정에 몰입해 빠져나오지 못했을 텐데, 쓰는 것은 달랐다. 그렇게 머릿속 책장을 넘기고 나니 어딘가에서 바람이 불어온다. 바람이 불어와 책장을 휘리릭 넘긴다. 가볍다. 잘 넘어간다. 보기만 해도 시원하다.

공항에 내려 제일 먼저 한 일은 화장실에 들른 것이다. 변기에 앉아 얇은 노트 한 권을 죽죽 찢었다. 그러고 나서 갈기갈기 조각내어 화장지에 고이 싸서 쓰레기통에 버렸다. 용변을 본 것도 아닌데 속이 시원했다. 발걸음이 가벼워졌다. 좁은 좌석에서 쪼그리고 앉아 있느라 부었을 다리도 느껴지지 않았다. 그냥 가벼웠다. 살짝 웃음이 났다. 지금 이 순간만큼은 내가 세상의 주인공이 된 것 같았다. 이국의 화장실에 감정의 찌꺼기를 모두 내다 버린 것이다. 그때의 경험에서 감정 디톡스 과정이 탄생했다.

감정도 디톡스가 필요하다. 쌓아 두기만 하면 원치 않는 때에 아무렇게나 터져 버린다. 방치하고 돌보지 않으면 썩어서 냄새가 나고 독소를 뿜어낸다. 쌓인 감정만으로도 버거운데, 상하고 변해 버린 독소로 나를 한 번 더 힘들게 한다. 기본은 일단 쏟아 내는 것이다. 다만 감정을 쏟아 내다 혼자 걷잡을 수 없는 상황에 휘말리지 않도록 믿을 수 있는 제3자의 도움을 받는 것이 가장 좋다. 이왕이면 차근차근 단계별로 접근하여 그 과정 중에도 성취감을 맛보는 것이 중요하다.

좋은 것, 새로운 것, 특별한 것을 찾기 전 나와 내 감정을 위해 해야 할 첫 단계는 감정 디톡스다. 일단 비워 내야 숨통이 트인다. 숨 쉬듯 가벼운 마음이 나를 행동하게 한다. 그리고 그렇게 마음이 가볍고 여유로워졌을 때 비로소 진짜 내가 원하는 것을 채울 수 있다.

혼자 있는 시간을 가져라

한동안 비슷한 유의 기사들이 자꾸만 눈에 들어온 적이 있다. 이름하여 '풀어 보겠다는 의도에서 시작했다가 싸움과 사고로 끝난 사건들'이다. 이렇게 내 스스로가 붙인 이름에서 알 수 있듯 그런 사건들의 공통점은 갈등 관계에 있던 두 사람이 모두 처음엔 대화 좀 해 보자고, 풀어 보겠다고 시작했다는 것이다. 늦은 밤 소주병을 앞에 두고 시작한 그들의 대화는 술이 들어가고 시간이 지나면서 걷잡을 수 없는 싸움으로 번졌고 급기야 서로를 해하는 지경에 이르러 기사로까지 나게 된 것이다.

후에 그들의 진술을 들어 보면 처음부터 그럴 생각은 아니었다고, 상대방을 때리거나 죽이려는 의도는 없었다고 한다. 처음엔 그랬을지 모른다. 하지만 그들은 부정적인 결말의 가능성이 높은 선택만 연달아 하고 있었기에 그런 결과를 피하기가 쉽지 않았을 것이다.

누군가와 감정적인 이유로 문제가 있을 때 그 사람과 일단 만나서 푸는 것이 우선이라고 생각하는가? 만나서 얘기하는 것 자체로 문제가 해결되는 건 아니다. 중요한 건 언제 어디서 어떻게 만나서 어떤 과정을 거쳐 풀어내느냐다.

'일단 만나면 어떻게 되겠지'라며 밤늦은 시간에 술잔을 앞에 놓고 시작한다. 술이 들어가니 말도 술술 나온다. 술술 나오다 못해 갈수록 나오는 대로 할 말 안 할 말 서로 해 가면서 분위기가 이상해진다. 늦은 밤 피곤한 몸과 마음이 감각을 더 예민하게 만들고 상대방의 말과 행동에 더욱 즉각적으로 반응하게 한다. 그렇게 옥신각신하다가 격해진 감정에 휩쓸려 도움을 청할 새도 없이 그렇게 사건이 터지고 만다.

극단적인 상황이 아니라도 일상 속에서 부정적인 감정에 휩쓸리는 경우는 얼마든지 있다. 더군다나 직장 생활의 특성상 많은 이들과 하루 종일 한 공간에 있다 보면 다양한 변수로 인해 돌발 상황이 발생하기 마련이다. 예상치 못한 상황에서는 누구나 당황하기 마련이다. 그 가운데 예기치 않은 감정적 충돌이나 불필요한 감정 소모가 생기는 일도 많다.

누군가와 마주하여 감정 상황에 휩쓸렸다가 다행히 한발 뒤로 물러나 빠져나왔다면 이제 그러한 부정적인 감정을 정리할 차례다. 한번 내가 느끼고 받아들인 부정적인 감정은 쉽게 사라지지 않는다. 애초에 받지 않기로 했다면 문제가 되지 않지만, 이미 내가 연관되어 영향을 받았다면 반드시 정리를 해야 상처로 남지 않는다.

직장과 사람과 관계로부터 부정적인 감정을 느꼈다면 이를 정리할 때는 우선 혼자 있는 것으로 시작한다. 순간적인 감정에 휩쓸렸을 때 볼 수 없던 것들을 하나하나 들여다볼 수 있는 타임아웃, 작전 타임이다. 혹시 이 시간이 상대방에게 이기기 위한 전략을 세우는 시간이냐고? 틀린 말은 아니지만 그건 극히 일부이고 부수적인 효과에 해당할 뿐이다. 애초에 이기고 지는 것이 목표가 아니다. 이기고 싶은 상대를 굳이 말하자면 그건 나 자신이다. 내가 나의 순간적인 감정에 져서 두고두고 후회할 일을 만드는 대신 나만의 감정 정리법으로 후회 없는 인생을 살기 위해서다. 내가 나에게 실망하고 나를 미워할 일을 만들지 않는 것이다.

어떤 식으로든 혼자 있는 시간을 갖는 것이 최우선이다. 처음에는 혼자 있을 때도 분을 삭이기 힘들거나 자꾸만 당시의 상황과 감정이 반복해서 떠올라 힘들 수도 있다. 앞서 이야기한 것처럼 이미 내가 한번 연관된 감정이 쉽사리 혼자 사라지지 않기 때문이다. 그때마다 나는 의식적으로 이미 당시의 상황에서 벗어났음을 스스로에게 이야기한다. 내가 이러한 내 감정을 정리하기 위한 과정에 있음을 확실하게 하는 것이다. 처음에는 그 같은 상황에서 빠져나오는 것만 반복해서 연습해도 된다. 그것 자체만으로도 나를 당시의 감정으로부터 분리하여 진짜 나를 들여다보는 데 큰 도움이 되기 때문이다. 물리적인 공간의 영향력도 있다. 혼자만의 시간이라고 고요한 집 안에 혼자 있는 것은 그다지 도움이 되지 않는다. 시작일수록 처음일수록 집 안의 밀폐된 혼자만의 공간이 아닌 공개된 장소에 혼자 있는 것이 좋다. 작은 내 방 책상 앞에서 하얀 벽만 바라보고 있다간 또다시 망상에 끌려 들어가기 십상이다.

준비된 상태로 혼자 있을 때 모든 상황을 되짚어 볼 여유가 생긴다. 내가 나의 선택으로 감정을 정리하겠다고 결정하고 스스로에게 확신을 주는 것부터가 시작이다. 또한 이것만으로도 이미 '나는 내가 원하는 것을 결정하고 행동할 수 있는' 사람이라는 믿음이 성장한다. 그래서 이후로 진행되는 감정 정리 과정에서 자신의 이야기를 듣게 되고 원하는 대로 계속해서 나아갈 최소한의 힘이 생기게 된다.

나아가 이러한 혼자만의 시간을 정기적으로 나를 돌아보고 더 큰 나로 성장하게 하는 자기만의 인생 훈련 시간으로 발전시킬 수도 있다. 그때그때 감정 정리용으로 시작했지만 그 속에서 점차 내가 원하는 것이 뚜렷해지고 불필요한 것들이 정리되면서 보다 집중하여 자신을 들여다볼 기회로 활용할 수 있다.

나를 포함한 감정코칭연구소 회원들이 주말마다 하는 것이 있다. 이름하여 '나와의 데이트'다. 나와의 데이트는 반드시 혼자 해야 하는데, 집 안에 아무리 혼자만의 공간이 있다 하더라도 밖으로 나가는 것이 원칙이다. 꼭 멀리 나가야 하는 것은 아니다. 집 앞 카페, 공원 등 가까운 곳이어도 좋다. 무엇보다 집이 아닌 외부 공간이어야 한다.

다음으로 필요한 것은 차분히 나 자신과 대화하는 시간이다. 최소 한 시간 이상이다. 가까운 곳이라도 한 시간 이상을 확보하는 것이 핵심이다. 육아로 시간을 내기 힘든 회원들을 독려하기 위해 단 30분, 한 시간만이라도 나가 보라고 했던 것이 그 시작이다. 하루 종일 온전히 나만을 위해 시간을 쓸 수 있다면 더할 나위 없겠다. 하지만 30분, 한 시간만으로도 충분히 시작할 수 있다는 데 의미를 둔다.

나와의 데이트에서는 무엇을 할까? 공원에 나갔으니 운동만 한다든지, 카페에서 잡지만 본다든지 하는 것은 나와의 데이트에 포함되지 않는다. 마찬가지로 영화를 보거나 공연, 전시를 구경하는 것도 나와의 데이트라고 하지 않는다. 감정코칭연구소의 나와의 데이트는 기본적으로 읽고 쓰고 조용히 산책하는 것을 전제로 한다.

내가 처음 나와의 데이트라고 이름 붙인 것도 혼자 산책하고 읽고 쓰면서부터. 나와의 데이트를 몰랐던 때에는 혼자 여러 가지를 하면서 재미를 느꼈지만 하루의 마지막엔 어딘가 모르게 알맹이가 빠진 느낌이었다. 하루 종일 이런저런 것들로 나를 채우려고 했지만 별다를 것 없어 보였다. 그러다가 무심코 눈에 들어온 수첩 하나를 꺼내 든 것이 시작이었다.

처음엔 당시의 기분을 끄적거리기 시작했다. 그러다 보니 점점 더 깊은 내면으로 들어가기 시작했고, 나의 현재 상황과 상태, 그 속에서 나의 반응과 내가 원치 않았던 감정 표현 등이 하나씩 보이기 시작했다. 머릿속에서라면 뒤죽박죽 순서를 정하기 어려웠을 것들이 어설프게라도 종이에 옮겨 적기 시작하자 점점 그 중심에 가까워진 것이다.

혼자만의 시간은 단지 혼자서 보내는 시간이 아니다. 순간적인 감정과 복잡한 일상으로 잃어버리기 쉬운 나를 분리하여 온전히 존재하게 하는 과정이다. 시간의 길이는 크게 중요하지 않다. 하루 중 잠깐 일주일 중 한 시간만이라도 나를 온전히 나로 존재하게 해 주자. 다른 이들의 시선과 판단에서 자유로이 놓아주는 것이다. 그렇게 온전한 나로 돌아가 스스로를 들여다볼 때 자기 회복과 관계의 실마리를 발견할 수 있다. 그렇게 하나씩 내 안의 것들을 꺼내 볼 때 내가 가진 진짜 내 것, 나의 진짜 감정과 진정으로 원하는 것을 알게 된다. 이것이 기준이 되어야 불필요한 감정을 정리할 수 있다.

불필요한 감정을 정리하고 싶다면, 진짜 내가 원하는 것을 알고 싶다면 일상에서 나를 분리해 내 혼자만의 시간을 갖자. 주위 환경과 상황의 일부가 아닌 있는 그대로의 나를 들여다볼 기회다.

그래! 재충전을 위한
혼자만의 시간도 필요한 법이지.

그런데 손아 너 지금 모 하니?

순간적인 감정에서 한발 물러서기

외부 미팅을 위해 자주 들르는 한 건물이 있다. 여러 기업이 모여 있는 대형 건물이라 직장인들의 출근 시간 직후에는 지하 주차장에서 빈자리를 찾기가 쉽지 않다. 지하 2층의 자리를 별로라고 지나쳤다가 지하 5층까지 내려가도 빈자리가 없어 그나마 아까의 그 자리가 낫다고 다시 올라오면 그사이 이미 다른 차가 따끈따끈하게 주차되어 있기 일쑤다. 그런 경험을 한 뒤로는 어디건 제일 먼저 보이는 공간에 무조건 차를 넣어야 한다는 약간의 강박관념 같은 게 생긴 것 같다.

오늘 아침에도 출근 시간이 지난 오전에 그 건물에 들어서면서

'무조건 주차'라는 생각이 나도 모르게 떠올랐다. 지하 2층 구석에 빈자리가 하나 보인다. 딱 봐도 제일 구석이고 옆에는 커다란 SUV가 자리 잡고 있어 내 주차 실력으로는 쉽지 않아 보인다. 하지만 나는 이미 무조건 주차해야 한다는 생각 외엔 아무것도 떠오르지 않은 상태다. 이리저리 들어갔다 나왔다 진땀을 빼며 벽에 간신히 붙여 주차를 마치고 림보 게임을 하는 것처럼 몸을 움츠리며 나왔다. 다행히도 그사이 주위에 아무도 지나가지 않아 내심 안도했다.

돌아서는 찰나, 바로 한 블록 너머에 넓은 빈자리가 고요하게 자리 잡고 있는 게 아닌가. 양옆의 운전자들이 합심하여 넓게 자리를 내어 준 듯 1.5배는 넓어 보이는 자리였다. '아, 조금만 더 멀리 내다 봤다면 코앞의 가장 불편한 자리에 억지로 끼워 넣지 않아도 되었을 텐데.' 절로 탄식이 나왔다.

그와 동시에 깨달음이 떠올랐다. 하루에도 몇 번씩 순간적인 감정에 휘둘리던 때가 딱 이와 같았다. 당장 지금이 아니면 안 된다며, 이 자리를 벗어나면 다시는 기회가 없다며 모든 상황을 한 번에 억지로 해결하려 했다. 즉각적으로 어떤 식으로든 눈에 보이는 결과가 나타나지 않으면 순식간에 좌절했다. 상대방과 같이 죽자고 갈등하던 순간은 또 얼마나 많았던가. 그 속에서 허우적거리며 나는 그래도 더 나은 상황을 만들어 보려던 거라며 끊임없이 자신에게 변명을 했다. 아무도 모르는 곳에서 온 힘을 다해 버둥거리며 애를 쓰던 내 모습이 지금 지하 주차장에서 이마를 짚고 탄식하는 나와 겹치는 것이다.

　순간적인 감정에 휘둘리면 원래의 의도와 상관없이 순식간에 나쁜 감정으로 몰리기 쉽다. 여기서 말하는 나쁜 감정이란 지금 내가 원치 않는 감정, 나에게 독이 되는 부정적인 감정이다. 이러한 감정이 나쁜 이유는 그 감정 자체 때문이 아니다. 그러한 감정으로 인해 나의 자연스러운 생각과 표현의 흐름이 막히기 때문이다. 차근차근 받아들이면 전혀 독이 될 이유가 없음에도 순간적으로 휘몰아치면서 감정에 압도당하는 느낌 때문에 자기도 모르게 방어적인 반작용이 일어나는 것이다. 마치 조용히 내리는 봄비는 유리창의 빗방울을 하나하나 들여다보고 감탄하게 하지만 앞이 보이지 않을 정도로 몰아치는 태풍 속 장대비는 비 자체가 아닌 그로 인한 홍수, 교통 피해들이 연관되어 두려움을 만들어 내는 것처럼 말이다.

　직장 생활 중 의도치 않은 감정 상황에 나도 모르게 휘말리는 일이 있다. 다양한 사람들과 하루에도 이렇게 저렇게 엮이는 일이 많다 보니 혼자 있을 때는 전혀 문제 되지 않을 것들도 자꾸만 눈과 귀와 마음에 들어오는 것이다.

　건설적인 목적으로 회의를 진행하다가도 내가 낸 의견에 반대하는 사람이 생기면 자기도 모르게 감정 이입되어 나에 대한 반대로 느껴진다. 정말 순식간에 느끼는 감정이라 내가 조절할 타이밍을 잃고 다시 상대방에게 공격적인 반응을 보이기도 한다. 마찬가지로 상대방도 처음의 의도는 그렇지 않았더라도 자신의 조언을 무시하고 재공격하는 느낌이 들기 시작한다. 앞서의 건전한 의도와는 달리 이제 그 사람이 하는 말은 다 듣기 싫어질 수도 있다. 작정하고 반대를 위한 반대를 하고 싶은 독한 마음도 드는 것이다. 한 명이라도 먼저 자각하여 지금 우리가 순간적인 감정에 휩쓸려 있음을 정중히 알리고 그 즉시 둘 다 그곳에서 빠져나오는 것이 우선이다. 제3자가 이런 역할을 할 수도 있을 것이다.

비슷한 상황들을 겪고 나면 맨 처음 드는 감정은 '나도 너도 짠하다'라는 연민의 정이다. 알고 보면 회사 일이고 사실 내 인생에 엄청나게 영향력을 끼치는 일도 아니다. 어차피 일이고 둘 다 잘해 보겠다고 시작한 것이 이렇게 된 것뿐이다. 이처럼 '어쩌다 직장인'들은 회사 일을 하다 보면 뜻하지 않게 순간적으로 물아일체를 경험하게 된다. 이러한 물아일체는 진짜가 아니므로 그때그때 깨어나게 하는 것이 우선이다. '일단 한발 물러서기'와 같이 물리적으로 공간을 이동하는 것이 가장 효과적이다. 잠시 나가 바람도 쐬고 시원한 물도 한 잔 마시다 보면 '그게 뭐라고'라며 짠 내 나는 스스로를 구해 내게 된다.

재미있는 건 이런 일은 혼자 있을 때도 비슷하게 일어난다는 사실이다. 정기적으로 일대일 감정코칭을 받고 있는 K 대리의 경우도 이와 같았다. 과거에 자신과 대립하며 힘들게 했던 과장 한 명이 있었다. 이제 그런 상황은 사라졌지만 평상시 그의 말과 행동을 지켜보면서도 순간적으로 부정적인 감정에 휩싸이곤 한다는 것이다. '저 사람은 왜 항상 저렇게 말하지?', '지금 그게 뭐가 중요해. 하여간 핵심이 없어.' 등과 같이 말이다. 상대방은 모르는 나만의 싸움이다.

알고 보면 혼자만의 싸움이 더 위험하다. 섀도복싱과도 같이 허공에다 하는 주먹질이다. 나만 상대를 알 뿐 상대방에게는 하등의 영향이 없다. 링 안에서의 싸움은 상대방이 있어야 하기에 때로는 귀찮아서라도 매번 성사되지는 않는다. 하지만 링 밖에서는 하루에도 수십 번씩 싸움을 하며 혼자 상처를 반복하고 있는 셈이다.

이때도 마찬가지로 혼자만의 싸움에 빠져들기 전에 일단 한발 물러나는 것이 우선이다. 언제든지 싸울 태세로 얼굴 앞에 두 주먹을 올리고 있었다면 당장 그 상태로 뛰어나가 건물 계단이라도 혼자 뛰어 볼 일이다. 일단은 무조건 물리적으로 해당 상황을 전환해 주는 것이 가장 즉각적인 효과가 있다. 책상 앞에 앉아 계속 과장의 얼굴을 떠올리면서 '이 생각은 이제 그만해야지, 이런 감정에서 벗어나야지.' 하는 것은 아무런 도움이 안 된다. 물리적으로 사무실을 벗어나거나 잠시 화장실만 다녀와도 '내가 왜 그런 사람 생각 때문에 나를 피곤하게 만들어야 하나?' 하는 전환의 기회가 될 것이다.

문제를 해결하는 것은 그다음부터다. 문제는 철저하게 이성적으로 분석하고 해결 방안을 찾으면 된다. 그런 일에 감정을 개입하는 건 그 감정을 엉뚱한 곳에 써 버리는 감정의 소모일 뿐이다. 적어도 그렇게 사용하라고 있는 내 감정이 아니다.

감정은 언제든지 들어왔다가 나가고 나갔다가 들어오는 손님과 같은 존재다. '인간이란 존재는 게스트하우스와도 같다'고 노래한 잘랄루딘 루미라는 시인이 있다. 시 〈The Guest House〉라는 제목에서도 알 수 있듯 그는 마음을 감정이 드나드는 게스트하우스로 비유한다. 감정은 이런 마음에 손님처럼 언제든지 오고갈 수 있으니 하나의 감정이 왔다고 언제까지고 붙잡아 둘 이유도 없다. 하나의 감정이 떠나간다고 영영 돌아오지 않을 것처럼 생각하지 않아도 된다. 날마다 오고 가는 수많은 감정 중에 하나하나의 감정에 매달릴 이유가 뭐가 있는가 말이다.

내 감정은 나에게 좋은 것, 내가 원하는 것들만 맞이하기에도 하루가 바쁘다. 순간순간 놓치는 좋은 감정들이 아쉽지 않은가. 불필요한 부정적인 감정에 허우적거리는 사이 또 한 번의 멋진 감정의 손님이 문을 두드리다가 떠나 버릴 수도 있다. 내 마음의 게스트하우스에는 날마다 내가 좋아하는 손님들로만 채워도 된다. 원치 않는 손님은 다음번에 만나면 된다. 내가 사랑하는 단골손님들, 나에게 좋은 감정들과 함께 꾸려 가는 내 마음의 게스트하우스 문을 열 시간이다.

불필요한 감정 가지치기

직장 생활을 통해 개인적으로 달라진 점이 있다면 말과 글이 매우 간결해졌다는 점이다. 꾸준한 훈련으로 얻은 직장 생활의 장점이라고 말하고 싶다. 하고 싶은 이야기가 있을 때 빙빙 돌리지 않고 바로바로 짧게 전달하는 기술적인 측면의 능력이기도 하다.

돌아보면 사회 초년생까지는 정반대에 가까운 사람이었다. 어렸을 때부터 오랜 기간 동안 나는 매일 밤새도록 눈에 보이듯 세세하게 표현한 소설 장면 하나하나에 빠져 있었다. 혼자 쓰는 일기장이든 인터넷 블로그든 기회가 있을 때마다 말과 글을 극적으로 꾸미는 데 모든 관심이 쏠려 있었다. 내가 좋아하는 특정 작가의 소설에서 등장하는 표현 방식을 흉내 내는 것도 좋았다. 인생의 모든 말과 글을 마치 내가 좋아하는 그 소설처럼 한 순간도 몇 페이지로 묘사할 수 있을 만큼 세심하고 치밀하게 표현하고 싶었다.

같은 내용이라도 어떻게 하면 좀 더 돋보이는 표현, 참신한 어휘로 비유하고 묘사하면서 이야기를 이어 갈 수 있을까 고민하다가 뜻대로 되지 않아 낙담하기도 했다. 내가 당시에 바라던 나의 이미지, '예민한 감수성으로 사물을 날카롭게 바라보는 시선이 있는 특별한 사람'이고 싶었다. 고백건대 다른 이들에게 그렇게 보일 것 같은 내 모습에 혼자서 미리 도취되기도 했다.

직장 생활에서 사용하는 말과 글은 전혀 달랐다. 서로 바쁜 이들이 이야기하다 보면 '결론부터 간단하게'로 시작하는 경우가 대부분이다. 매 순간 자세한 묘사나 개인적인 느낌은 거의 들어가지 않는다. 과거의 나를 비롯하여 초년생들이 상황의 처음부터 구구절절 설명하고 중간중간 자신의 느낌까지 표현하려다가 "그래서 결론이 뭔데?"라는 질문에 당황하는 경우도 상당히 많다.

처음엔 자신의 말을 끊고 들어오는 상사가 야속하고 무례하게 느껴지기도 했다. 대화라는 건 이유 불문하고 상대방의 이야기를 끝까지 들어 주는 것에서 시작하는 게 아닌가. 그런데 회사는 기본적인 대화조차 안 되는 곳이라며 혼자 서글픈 기분에 빠지기도 했다. 나를 받아 줄 회사 친구를 만들어서 우리끼리만 이야기가 통한다며 함께 수다 떨 퇴근 시간만 기다린 때도 있었다. "아, 역시 진정한 대

화는 이런 것이지." 하면서 말이다. 틀린 말도 아니지만 내가 속한
곳이 회사라는 점에서는 큰 의미 없는 일이었다.

왜 그럴까? 이른바 회사어, 즉 직장 생활에서의 말과 글은 내가
아니기 때문이다. '영혼 없이 말하고 쓰라는 이야기인가?' 절반쯤은
맞는 말이다. 물론 내가 하는 것이지만 어디까지나 공식적인 일이
고, 최고의 성과를 내는 것이 중요하다 보니 사실 회사 입장에서는
누가 하든 크게 상관은 없다. 회사에서는 누구누구의 말과 글이라
는 게 드러날 이유나 필요 자체가 없는 것이다. 오히려 "누가 봐도
이건 A 과장이다!"라는 개성 넘치는 문체야말로 회사에서는 자제
해야 할 일이기도 하다. 회사 업무 본질이 나라는 사람 자체가 아니
라는 것을 강조하기 위함이다.

직장에서의 감정 상황도 마찬가지다. 회사 업무 자체가 내가 아
니라는 전제는 여기서도 힘을 발휘한다. 회사 업무 자체가 내가 아
니라는 의미는 업무로 인해 일어나는 다양한 상황과 그 상황에서
순간적으로 드는 감정들을 모두 나 개인에 대한 것으로 받아들일
필요가 없다는 뜻이다.

자칫 내가 느끼는 감정이니 모든 것이 '나'에 대한 것이라고 여기
기가 쉽다. 하지만 직장 생활, 업무에서 발생하는 감정은 나에 대한
것이 아니다. 내 것이 아닌 것을 애지중지 끌어안고 있을 이유가 없

다. 내가 끌어안고 있을 때 그런 감정들은 오도 가도 못 하고 뜨거운 내 품에서 점점 상해 간다. 썩고 냄새나고 변해 간다. 그것들을 한시라도 빨리 풀어놓는 순간, 각자 제 갈 길로 쉬리릭 사라진다. 그것을 또다시 내 것이라며 잡으러 다닌다면 얼마나 힘들겠는가. 내 것이 아닌 감정들은 놓아주면 원래의 자리를 찾아간다. 어디로 갈지 염려할 필요도 없다. 잘 풀어 내 살며시 놓아주기만 하면 된다. 신경 쓸 것은 어떻게 풀어 낼지다. 와르르 쏟아야 할지, 하나하나 꺼낼지, 쏙쏙 뽑아 낼지와 같이 말이다.

방법은 다양하다. 문제는 어떻게에 달렸다. 물과 같이 쏟아 내려는데, 누군가 자고 있는 머리맡에서 한다면 어떻게 될까? 그 사람에게는 아닌 밤중에 물벼락이다. 지금 당장 터져 나갈 것 같은데 족집게로 하나하나 뽑아내라고 하면 속부터 새까맣게 타들어 간다. 감정코칭을 진행할 때에도 무조건 누구에게나 똑같은 방법으로 "쏟아 버리세요"라고 하지 않는다. 무엇이 있는가부터 확인한다. 그다음에 어떤 것들을 어떻게 내어 버릴지, 또 얼마만큼 언제까지 할 것인지를 주의 깊에 관찰하고 구별한다.

중요한 것은 불필요한 감정을 정리하여 핵심 감정만 남기는 것이다. 거기서부터가 시작이고, 이후로 모든 것은 아주 단순해진다. 단순해질수록 해결 방법 또한 발견하기 쉽다. 처음 자신의 감정을 들여다볼 때는 다양한 감정들이 한 번에 떠오르기 때문에 어느 것부터 어떻게 해야 할지 엄두가 나지 않는다. 전문가의 도움을 받아 정리할 수도 있고 기본 원리만 알면 혼자서도 충분히 시도해 볼 수 있다.

일대일 코칭 과정 중에 있는 D씨의 경우 직장 생활 중 가장 힘든 때가 모든 생각과 감정이 한꺼번에 떠오를 때라고 한다. '이것도 해야지.', '저걸 지금 하지 않으면 안 될 것 같은데.', '아니 저건 지금 왜 저렇게 되어 있는 거야?' 동시에 '아, 나는 왜 지금 정리가 안 되는지 답답하다.', '정말 마음에 안 들어. 더 잘할 수 있잖아. 내가 나를 보고 있기가 안타깝다'는 생각이 떠오르면서 뒤죽박죽된다. 정작 두 손과 발은 책상 앞에서 꼼짝도 하지 못한다. 실제로 일어나는 행동은 아무것도 없다. 손댈 엄두도 안 나고 그렇게 얼어붙은 듯 있는 자신에게 실망감마저 든다.

이럴 때 혼자서 할 수 있는 가장 쉬운 방법은 무엇이든 떠오르는 것을 모두 옮겨 적는 것이다. 한 번에 떠오르는 것은 무엇이든 적는다. 이제까지 복잡해진 상태에 질려 아무것도 하지 못하고 끝났다면 이제 그것을 최대한 무엇이든 옮겨 적어 본다. 그 과정에서는 아무런 판단도 할 필요가 없다. 이걸 적는 게 맞는지, 이게 이번 일 때문인지 과거의 일 때문인지, 나에 대한 것인지 다른 누구에 대한 것인지 다른 생각이나 판단과 연결 지을 필요도 없다. 떠오르는 대로 기계적으로 무조건 적는다. 생각인지 감정인지 구분하지 않아도 된다. 어느 정도 '후련하다'는 느낌이 들 때까지면 된다. 그것도 잘 모르겠다면 어느 순간 속도가 느려지거나 멈추는 순간까지 해 보면 된다. 꾸역꾸역 억지로 이어 나갈 필요는 없기 때문이다. 순간에 집중하여 빠르게 적고 펜을 내려놓는 것이 또 다른 스트레스가 없어 더 좋다.

자, 이제 잠시 눈도 좀 깜빡거리고 손가락, 머리, 목도 움직이며 풀어 주자. 물 한잔 마시고 오거나 화장실에 다녀와도 좋다. 만약 그 상태에서 피로감이 들어 자고 싶은 느낌이 들었다면 그대로 30분 정도 낮잠을 자도 좋다. 밤이라면 바로 잠들어 잘 수 있는 만큼 푹 자면 금상첨화다.

몇 분 혹은 몇 시간, 아니면 다음 날이 되어 해야 할 것은 반드시 '다시 읽어 보기'다. 이 과정이 없으면 애써 놓아 주려 했던 것들이 어디로 갈지 길을 찾지 못하고 어영부영하다가 또다시 슬금슬금 내 안으로 들어오기 쉽다. 이제는 더 찾기 어려운 곳으로 도망쳐 숨어 버릴 수도 있다. '다시 읽어 보기'는 다음 단계로 나아가기 위해 꼭 필요하다.

다 적어 놓고 나서 그대로 들고 다시 읽어 보면 나타나는 반응은 두 가지다. 하나는 '생각보다 별거 없네'라는 것이고, 다른 하나는 '말도 안 되는 게 뭐가 이리 많지?' 하는 것이다. 생각보다 별거 없다고 여기는 부류는 머릿속이 그렇게 복잡하고 힘들었는데 본인이 느끼는 것보다 몇 개 안 되어 보이는 것이다. 말도 안 되는 게 많아 보이는 쪽은 모든 것이 한꺼번에 떠올라서 다 같이 급하고 중요해 보였는데 하나씩 적고 보니 중요한 것은 한두 가지에 불과하고 나머지는 늘 스쳐 지나가는 생각에 불과한 것임을 알게 된 것이다. 다시 읽기를 통해 누군가 알려 주지 않아도 '내 것이 아니다'는 확신이 생기면 버리는 일은 아주 쉽다. 내 것과 내 것이 아닌 것, 그것만 제대로 구분해 내면 된다. 마치 분리수거함에 종이는 종이대로, 플라스틱은 플라스틱대로 구분하여 버리는 것과 같다.

불필요한 감정 가지치기는 그 안에 일련의 과정을 담고 있다. 그러한 과정을 하나하나 밟아 나갈 때 비소로 완성된다. 막연히 쳐낸다고 되지 않는다. 준비 없이 손을 대면 오히려 꼭 가지고 있어야 할 것은 자기도 모르게 쳐내 버리고, 그동안 나를 힘들게 한 가지들은 그대로 남기는 우를 범할 수도 있기 때문이다.

불필요한 감정이 무엇인지, 내 안에 언제부터 얼마나 어떤 모습을 하고 있었는지 관찰하는 것이 시작이다. 그것들을 언제 어떤 식으로 얼마만큼 쳐낼지 판단하는 과정으로 이어 가야 한다. 그리고 직접 하나하나 실행에 옮기는 것이다.

오늘 하루에 다 하려고 할 필요는 없다. 모두에게 적용되는 정해진 기간도 없다. 다만 본인이 결정한 만큼만 끝까지 해 내면 된다. 그 과정 하나하나가 무거움에 지쳐 있는 나를 살리기 위한 과정이

고, 앞으로 더 크게 자라기 위한 일이기 때문이다. 중요한 것은 진짜
내 것만 남기는 일이다. 그 가지가 든든한 나무가 되어 열매 맺을 때
까지 하루하루 집중하는 것뿐이다.

문제가 해결된 나 상상하기

어느 날 퇴근 후 지친 몸으로 집에 돌아와 머리를 감다가 떠오른 생각 하나. '왜 회사 일에는 항상 문제가 있는 걸까? 어제는 그게 문제, 오늘은 이게 문제, 내일은 또 뭐가 문제일까?' 돌이켜 보니 하루라도 문제가 없던 날이 없는 것만 같다. '내일은 문제가 생기면 안 되는데…'라는 생각에 퇴근하고도 마음은 무거워진다. 어떻게 잘되겠지 싶다가도 문득 잘못된 부분은 없는지, 내가 못 보고 지나치는 건 아닌지 불안감이 엄습해 오곤 했다.

고질적인 문제였다. '도대체 진짜 문제가 뭘까'라고 고민하다가 문득 '문제'라는 말은 무슨 뜻일까, 단어 자체가 궁금했다. 이럴 수

가. 문제가 '문제'였다. 나는 그동안 '문제'라는 단어를 오해하고 있었다. 국어사전을 찾아보면 문제(問題)는 '해답을 요구하는 물음. 논쟁, 논의, 연구 따위의 대상이 되는 것'이라고 돼 있다. 마지막에 덧붙이길 '해결하기 어렵거나 난처한 대상, 또는 그런 일'이라고도 한다.

나는 마지막 해석에만 집착한 나머지 문제를 자꾸만 나를 어렵고 힘들게 하는 것이라고만 여긴 것이다. 날마다 씩씩하게 크고 작은 문제를 해결하고 있었으면서도 어렵고 힘들 것이라는 전제 때문에 해결하는 과정이나 결과를 보고도 충분히 성취감을 즐기지 못한 것이다.

다시 한번 보자. 애초에 회사는 해결해야 할 문제가 있었기 때문에 사람이 필요했다. 그리고 그 자리에 들어간 사람은 그 문제를 해결하는 데 적임자다. 제품을 만드는 문제, 전국에 보내고 판매하는 문제, 고장 난 제품을 고치는 문제, 직원들의 급여를 계산하고 지급하는 문제 등 이런 모든 문제들 덕분에 회사가 존재한다고 해도 과언이 아니다.

날마다 하는 업무도 문제가 된다. '어떻게 하면 이 일을 기한 내에 할 수 있을까? 최고의 성과를 낼 수 있을까? 좀 더 속도를 낼 수는 없을까? 더 쉽게 할 수는 없을까?' 이 모든 것들이 문제다. 그리고 그 문제는 나를 힘들게 하기 위한 것이 아니다. 답을 찾아가는 첫 시작, 과정의 일부일 뿐이다.

그런데도 자꾸만 문제는 '어렵다, 힘들다'라는 생각 때문에 시작도 하기 전에 괴로워진다면? 오히려 그러한 상상 때문에 하나하나 해 나가는 과정이 더 어렵고 힘들게 느껴질 수도 있다. 그리고 당신은 또다시 예전의 나처럼 '왜 회사의 모든 일은, 내 인생은 문제투성이일까?' 고민할지도 모른다.

사전에서와 같이 해답을 요구한다는 문제의 특성은 다시 말해, 어떤 식으로든 해결 가능한 답이 있다는 것과도 같다. 직장에서 한 번 제기된 문제는 어떤 식으로든 해결해야 사라진다는 뜻이기도 하다. 개인사는 미루고 미뤄서 평생토록 미루고 끝날 수 있을지도 모르지만, 직장에서는 그럴 수 없다. 문제는 어떻게든 해결되기 마련이다.

만약 이 이야기에 "해결되지 않는 문제가 얼마나 많은데!"라고 반문할 수도 있다. 당연히 그렇다. 그건 '완벽한 해결'을 기준으로 하기 때문이다. 완벽한 해결이라는 것이 과연 존재할까? 당시에, 잠정적으로 '완벽해 보이는' 해결은 존재한다. 하지만 영원히 다시 문제가 되지 않는 일이란 없다. 세상은 계속해서 변할 것이고 그에 못지않게 나와 나를 둘러싼 이들도 언제든지 달라질 수 있음을 알기 때문이다. 직장이라면 더욱 그렇다. 완벽한 해결이라는 것이 존재하지 않음을 인정하는 대신 지금 최선의 해결을 하면 된다. 그리고 최선을 다해 해결하는 비결을 알고 실행하면 된다.

지금 이 순간 최선의 해결을 하는 비결은 무엇일까? 아주 쉬운 유일한 비결은 '문제가 해결된 나'를 상상하는 것이다. 하루 중 스마트폰을 별로 쓰지도 않은 것 같은데 왜 이렇게 배터리가 빨리 사라질까 하고 놀랄 때가 있다. 알고 보니 한번 켜 놓은 어플리케이션들이 백그라운드에서 계속해서 돌아가고 있기 때문이란다. 지금 제 기능을 하고 있지도 않으면서 돌아가는 것들 때문에 정작 써야 할 곳에 배터리를 쓰지도 못하고 원치 않는 순간에 방전될지도 모른다.

문제 상황에만 집중하며 불안해하는 것은 바로 이러한 백그라운드 어플리케이션들이 돌아가는 것과 같다. 문제라는 것만 반복해서 인식하고 있을 뿐 정작 해결에는 아무런 도움이 되지 않고 나의 에너지를 고갈시켜 버린다. 문제 해결이 아닌 문제 때문에 지레 지쳐 나가떨어진다. 그 에너지를 사용할 곳은 따로 있다.

감정코칭연구소에서 코칭을 받고 지금은 더 크고 건강하게 성장하여 선한 영향력을 끼치는 L씨. 자신에 대한 가장 큰 불만 중 하나가 바로 '에너지가 없다'는 점이었다. L씨는 직장에서의 업무가 버거워 집에 가면 녹다운돼 버리고 아이들을 돌보거나 남편과 소통하는 모든 것이 짐스럽게 느껴지고, 가족에게 그런 감정을 느끼는 자신이 나쁜 사람 같아 더 힘들어진다고 했다. 그럼에도 아무리 힘을 쥐어짜 내도 당최 힘이 나지 않는다고 했다. 가족을 위해 직장을 그만두지 않고서는 안 될 것 같다고 말이다.

L씨가 가장 큰 변화를 겪게 된 것은 문제가 해결된 자신의 모습을 상상하기 시작하면서였다. L씨가 에너지가 없다고 느낀 것은 하루 종일 문제에만 힘을 쏟았기 때문이다. 직장에서는 집에 가면 집안일을 다 못 할 것 같은 불안감과 미안함에 지금의 일에 집중하기가 어려웠다. 일을 하면서는 오늘 못 끝낼 것 같고 나만 뒤처진다는 생각, 왜 나한테만 일이 쏟아지는지, 거절하지 못하는 자신을 탓하느라 집중이 되지 않았다. 퇴근 시간이 다가오면 해 놓은 일은 없고 끝나지 않는 회사 일에 화가 나기 시작한다.

집에 가도 달라지는 것은 없다. 제대로 일을 끝마치지 못했으니 돌아가는 길에도 그 생각이 떠나지 않는다. 그러면서 이제 또 제2의 출근이라는 생각에 당장 저녁 식사 준비부터 힘에 부친다. 밥이라도 잘 먹여야겠다는 생각에 건강한 재료 따지고 조리법 따져 가며 한 상 차려 놓는다. 아직 어린 아이들은 식탁에 앉기도 전에 과자부터 찾고, 남편은 맛없다며 소금 찾고 간장 찾고 고춧가루 뿌린다고 주섬주섬 앉았다 일어섰다를 반복한다. 화가 치미는 L씨는 입맛도 잃고 온몸에서 힘이 빠져 식사를 뒤로하고 자리에 누워 버린다.

L씨와 집중적으로 훈련한 부분은 하루에 가장 중요한 것 한 가지, 내가 하고 싶은 것 한 가지만 정하고 그것이 해결된 본인의 모습을 상상하는 것이었다. 오늘 가장 중요한 것을 해낸 내 모습, 그때의 기

분, 나의 말과 행동을 치밀하게 그려 본다. 내가 하고 싶은 것은 가장 중요한 한 가지로 한다. 개수가 정해져 있는 것은 아니지만 시작은 무조건 한 가지부터다.

상상은 자신이 할 수 있는 한 가장 구체적이고 생생하게 해야 한다. 오늘 반드시 제출해야 하는 보고서가 있다면 상상 속에서 그 보고서 완성본을 한 장 한 장 넘겨 보는 식이다. 출력물로 누군가에게 전달해야 한다면 착착 프린트되어 나오는 모습, 그것을 정갈하게 묶어서 손에 들었을 때의 기분, 한 걸음씩 나아가는 발걸음, 책상 위에 올려 두는 무게감, 그것을 본 상사의 환한 미소, 고생 많았다며 건네는 고맙다는 인사, 그 인사에 하게 될 나의 답변, 돌아서서 나오는 나의 가벼운 발걸음, 가벼운 가방을 들고 퇴근하는 모습 등등이다.

L씨가 가장 하고 싶었던 것은 저녁 식사 후 고요한 방에서 혼자 안락의자에 기대어 음악을 듣는 것이었다. 살짝 열어 둔 창으로 들어오는 상쾌한 밤공기, 고요한 방 안, 안락의자의 촉감, 이어폰의 느낌, 음악 소리, 그 음악을 듣는 자신의 기분 등을 하나하나 상상한다.

처음 얼마간의 훈련 기간이 필요했던 것은 사실이다. 되는 듯 안 된다며 나와 자신을 믿고 오늘도 해 보겠다는 L씨였다. 일주일쯤 지나자 감정코칭연구소에 이제까지와는 전혀 다른 감사일기가 올라왔다. 드디어 지난밤 잠들기 전 생생하게 상상하기가 되어서 오늘 아침은 예감이 좋다는 것으로 시작했다. 직장에서는 딱 한 가지만 해내기로 하고 그 일을 하며 지난밤 반복해서 상상한 그 느낌만 떠올렸다. 자신도 믿기지 않지만 원하는 시간에 일을 마치고 상상한 그대로 보고서를 들고 제출했다고 한다. 다른 때 같으면 제출도 문제지만 제출하면서도 제대로 말도 못 꺼내고 눈치만 보다 나왔을 게 분명하다. 오늘은 상상한 대로 제출하며 미소까지 지었다고 한다. 그 미소가 전해진 것인지 웬일로 상사도 수고 많았다고 말해 준다.

집으로 돌아가는 길은 구름 위를 걷는 듯 가벼웠다. 저녁 식사 준비로는 간단한 밑반찬을 꺼내고 식구들이 먹고 싶은 반찬을 골라서 먹도록 한다. 나는 내가 좋아하는 샐러드만 먹는다. 아이들에게 남편에게 보여 주기 위해 이것저것 집어 먹지 않으니 속은 더 편안하다. 억지로 더 먹이려고 하지 않는다. 상차림이 덜한 만큼 설거지도 단출하다.

L씨는 방으로 들어가 음악을 들었다. 상상한 그대로였다. 행복하게 음악을 듣고 거실로 나갔다. 내가 원하던 대로 좋은 음악을 듣고 나니 마치 잘 자고 맞는 아침과도 같다. 그사이 아이들은 밥 먹는 것 때문에 화가 나 있던 엄마의 눈치를 보지 않아도 되니 자기들끼리 신나게 놀고 있다. 이번엔 아이들과 함께 놀고 싶은 기분이 들었다. 지쳐 쓰러져 있던 얼마 전이라면 상상도 못 할 순간이다. 오랜만에 아이들과 시간을 보내면서 가슴이 벅차오르는 것을 느꼈다는 L씨.

"코치님, 제가 에너지가 없는 사람이 아니었어요. 불필요한 곳에

낭비하고 있었다는 것을 깨달았습니다. 중요한 곳에만 집중하니 에너지가 남아요. 뭔가 새로운 일을 더 하고 싶을 정도예요!"

문제만 들여다본다고 문제가 해결되지 않는다. 문제가 반드시 해결된다는 믿음으로 바라보는 명확한 나의 모습이 중요하다. 구체적이고 생생하게 내 모습을 그리는 것이 나에게 문제가 반드시 해결된다는, 이미 해결되었다는 확신을 주기 때문이다. 똑같은 일이라도 확신으로 대하는 것과 모호하고 불안한 마음으로 대하는 것에는 엄청난 차이가 있다. 기술적으로는 같아 보여도 나의 태도에 따라 주저 없이 빠르게 결정하고 앞으로 나아갈 수 있기 때문이다. 주저하고 망설이는 동안 흐름이 깨지고 속도는 처지게 된다. 그것을 끌어올리는 데 별도의 에너지가 들고, 앞으로 나갈 에너지를 미리 당겨쓴 탓에 나아갈 힘을 잃는다. 지금 문제가 있다면, 문제가 해결된 내가 함께 있다. 미리 볼 수 있기만 하면 된다.

감정 일기로 하루 정리하기

"L 과장님, 일기 쓰셨어요?"

초등학생도 아니고 웬 일기냐고 할 수도 있다. 일기는 그렇다 쳐도 그걸 왜 물어보냐고 의아해할 수도 있다. 상대는 과장이 아닌가. 과장쯤 되었으면 일기 정도는 알아서 쓰게 돼야 하는 것 아닌가 싶은데 말이다. 감정코칭연구소에서는 과장도 일기 검사를 받는다. 바로 '감정 일기' 이야기다.

어린 시절 이후로 일기를 써 본 적이 없다는 이들이 많다. 날마다 반복되는 업무로 인이 박일 대로 박인 직장인들이라면 더욱 그렇다. '플래너'라는 이름으로 하루하루를 계획하고 실행하는 데 익숙한 이들조차도 '일기 쓰기'는 완전히 다른 이야기다. 플래너는 내가 해야 할 일에 집중하는 반면 일기는 내가 하고 싶은 일에 초점을 두기 때문이다. 직장인일수록 일기가 필요하다. 해야 할 일들, 의무만 가득한 일상에서는 성취감을 느끼기 힘들다. 일기를 통해 내 이야기를 꺼내 볼 때 비로소 내가 원하는 것, 하고 싶은 일들이 보이게 된다.

그중에서도 감정 일기는 특히 '감정'에 초점을 두게 된다. 자칫 내가 원하는 것, 하고 싶은 일들마저 해야 할 일로 넘어가게 되는 경우가 흔하다. 의도와 달리 자꾸만 의무나 중압감만 더하게 되는 셈이다. 이것을 감정 일기로 전환하면 내가 원치 않는 감정을 걸러 내는 훈련이 된다. 하고 싶은 일조차 '해야 할 것만 같아서' 적어 넣고 불편함이 있었다면 그 불편함의 정체까지 더 깊이 들여다보는 것이 감정 일기이기 때문이다.

감정 일기는 나이와 직급을 가리지 않는다. 직장 생활을 시작한 지 얼마 안 되는 경우 미리미리 훈련하면 직장 스트레스를 그때그때 해소할 수 있어 좋다. 한편으로는 나이가 들고 직장 경력이 늘어갈수록 더욱 필요하다. 그동안 해소하지 못한 다양한 감정 상황들이 쌓여서 알게 모르게 자신을 힘들게 하고 있었기 때문이다. 어떤 이유인지 알아차리지 못한 채 원인 모를 피로감에 시달리고 있었을지도 모른다.

감정 일기의 핵심은 하루 동안 있었던 감정 상황들을 중심으로 돌아보는 데 있다. 시간이 많이 지나 잊어버리기 전에 바로바로 들여다보며 해소한다. 그리고 날마다 조금씩 내가 원하는 삶의 방향으로 나아가는 것이다.

감정 일기의 핵심 내용은 다음과 같다.

첫째, 하루 중 있었던 감정 상황을 간단히 기록한다.

한 개일 수도 있고 여러 개일 수도 있다. 처음엔 부정적인 상황부터 떠오르는 경우가 대부분이다. 순서는 중요하지 않다. 나에게 큰 영향을 끼친 상황부터 시작하면 된다. 감정 상황을 기록할 때 염두에 두어야 할 것은 당시 상황을 있는 그대로 적는 것이다. 당시의 장소, 사람, 환경을 포함하여 주고받은 말과 행동을 최대한 기억나는 대로 복기해 본다. 하루가 지나기 전 아직 기억이 생생할 때 적어야 하는 이유다.

둘째, 감정 상황 중 나의 느낌에 집중하여 적어 본다.

많은 경우 당시의 상황을 구체적으로 적는 것도 쉽지 않다고 이야기한다. 분명 수많은 생각과 느낌이 머리와 가슴을 스치고 지나갔는데 그것을 옮기는 일이 어렵다고 말이다. 당시의 느낌을 떠올려 적는 것은 더욱 힘들어한다. 알고 보면 그 자체가 엄청나게 어려운 일이라기보다 이제까지 해 본 적이 없어 어색하기 때문이다. 느낌을 적는다고 적는데도 당시의 상황만 반복하여 적기도 하고 분명 어떤 느낌이 떠올랐는데 말로는 표현이 안 되는 경우도 많다. 이것이 감정 일기를 쓰는 이유다. 내 감정이 이리저리 나를 힘들게 하고 있는데도 그 정체를 알아 본 적 없어 답답하고 이런 일이 반복돼서 힘들어한다. 그럴 바엔 아예 날마다 조금씩 시간을 내어 대체 그것이 무엇인지 무엇 때문인지 또렷하게 들여다보자.

셋째, 당시의 상황과 떠오른 생각과 느낌을 구체적으로 적고 난 뒤 그에 대해 내가 진짜로 원했던 것, 지금도 진심으로 원하는 것을 적어 본다.

그저 내가 하고 싶은 만큼 속이 시원할 만큼 적기만 해도 성공이다. 이렇게 해도 되나 싶을 정도로 두서없이 해도 된다. 다만 '내가 원하는 것'이라는 방향만 잡고 있으면 된다. 불편했고, 싫었고, 분명 이것이 다가 아니라는 느낌만 있을 뿐 그게 뭐가 뭔지 몰랐던 것들을 다 꺼내 놓고 진짜를 찾아보자는 것이다.

오랜 세월에 걸쳐 가득 채워 이제는 그 속에 뭐가 있는지도 모르는 커다란 침대 밑 상자와도 같다. 넣어 둘 때는 분명 나에게 중요한 것들이었다. 시간이 지나면서 귀찮음이 절반 괜한 두려움이 절반이 되어 차마 열어 보지 못한다. 그냥 버리면 되지 않느냐고 반문할 수도 있다. 할 수만 있다면 그래도 된다. 하지만 기억을 지우지 않는 이상 정리되지 않은 것들을 억지로 버린다고 버려지는 것이 아니다. 분리수거 규칙과도 같다. 제대로 분류하지 못한 것들은 어디에도 버릴 수가 없다. 몰래 버린다고 해 봐야 아무도 안 보이는 곳에 또다시 쌓아 두기만 할 뿐이다.

감정 일기를 쓰고 있는 L 과장의 이야기로 다시 돌아가 보자. L 과장도 가장 어려워했던 부분이 바로 '느낌'을 옮기는 것이었다. 그는 처음에 의아해했다. 예전에는 나름 감수성이 풍부했고 다양한 감정을 느끼면서 살아왔다고 자부했는데 좀처럼 글로 옮기지를 못하겠다고 했다. 다시 말해 말이건 글이건 구체적으로 표현이 안 돼서 답답하다고 했다. 분명 A와 B는 다른 느낌인데 말하거나 쓸 때는 단순한 문장으로 일축되는 것 같다고 말이다. 회사 보고서는 술술 쓰는데 감정 일기가 뭐라고 이렇게 힘든지 본인도 이해가 안 될 정도라고 했다.

그렇게 처음 일주일 정도를 보낸 후 함께 일주일간의 감정 일기를 점검해 보았다. 일기 검사받는 L 과장이 여기서 등장한 것이다. 그의 말대로 팩트에 가까운 상황 설명은 구체적으로 묘사되어 있었다. 글로만 보자면 수월하게 잘 쓴 글이었다. 문제는 감정 표현이었다. 당시의 생각과 느낌 대신 점수를 매기는 듯한 총평뿐이었다. '앞으로 그러지 말아야겠다'라든지 '노력하면 달라질 수 있을 것이다'와 같이 말이다. 아무리 봐도 나의 생각과 느낌이 아니다. 서둘러 결말을 내고 싶어 하는 모습이 역력했다. 말 그대로 딱 '용두사미'격이었다.

나와 함께 감정 단어와 감정 카드를 활용하여 현재 감정 표현의 잔고부터 확인해 보았다. 아니나 다를까 감정 표현의 빈곤이 두드러졌다. 딱히 표현할 만한 말이 없는 상태, 다행히 각각의 느낌이 다르다는 것은 구분하고 있었지만 그것들을 구분하여 표현하는 데 어려움을 겪고 있었다. 자신이 미처 알지 못했던, 어디선가 읽거나 들은 적은 있지만 사용해 보지 못했던 어휘들을 보며 두 눈이 새롭게 빛나는 것이 보였다. 스스로 답을 찾아가는 모습이었다.

새로운 일주일을 보내고 다시 만났을 때 내 눈앞의 감정 일기는 지난주와 완전히 다른 느낌이었다. 엄청나게 새로운 일이 일어난 것은 아니지만 바로 그것, 다양한 감정 표현을 적용하기 시작한 것이다. 공감되는 생생한 표현이 곳곳에서 눈에 들어왔다. 좀 더 구체적으로 표현하기 위해 비유를 들기도 하면서 좀 더 집중하고 끝까지 해내려 한 점이 돋보였다.

남은 것은 내가 원하는 것에만 집중하는 것이다. 이 또한 어색해 L 과장은 스스로 자꾸만 한계를 두려고 했다. '이래도 될까? 이게 맞나? 너무 평범한가?' 하는 자신이 만든 비교와 평가의 기준에 얽매여 진짜 원하는 것을 가려 두고 '진짜 원해도 될 만한 것', 혹은 '그럴싸해 보일 수 있는 것'만 보여 주려고 했다. L 과장은 이제까지 자신이 그런 식으로 표현하는지 몰랐다고 했다. 역시 해 봐야 안다. 직접

하지 않고 말만 해 봐야 아무것도 안 된다. 짐작만으로는 전혀 알 수 없는 부분이다.

마지막 3주 차에 드디어 혼자 만든 한계를 벗어나고 있는 L 과장의 감정 일기. 이렇게 감정 일기만으로도 자신의 현재 상태를 들여다보고 예전에 알지 못했던 자신의 모습을 발견하게 된다. 짐작과는 다른 생생한 내 모습을 보게 되면서 구체적으로 나아갈 방향도 보이게 된다. 긴 시간이 필요한 일도 아니다. 하루에 10분, 단 3주만 해 봐도 된다.

오늘도 감정코칭연구소에서는 잘나가는 다 큰 어른들이 일기를 쓴다. 내 감정을 들여다보는 것이 어색한 어른들이 일기를 쓰며 연필 끝을 물어뜯고 모니터를 뚫어져라 쳐다본다. 글로 쓰는 것도 부족해서 일대일로 코칭을 받는다. 속 깊은 이야기가 모두 담겨 있다. 그만큼 진지하게 자신을 사랑하는 이들이다. 자신에게 기회를 주며 이야기를 하고 듣고 느끼는 것이다. 그동안 이 작은 기회조차 주지 못해 날마다 알 수 없는 답답함과 피로감에 하루하루 연명하듯 출근해 왔다. 회사에서는 하나같이 똑똑하고 일 잘한다는 이들이다. 한편으로 진정으로 똑똑한 이들이다. 언제가 되었든 결국 자신에게 눈을 돌리고 기회를 주기로 결정하고 실행한 이들이니까. 그래서 나는 오늘도 다 큰 어른들의 일기장을 들여다본다.

진짜 나쁜 감정은 없다

'잘되면 제 탓, 못되면 조상 탓'이라고 하던가. 요즘처럼 감정이 두들겨 맞는 시대도 없는 것 같다. 마치 나무 아래 가만히 앉아 있는 이에게 지나가는 이들마다 "너 때문이야!" 하며 한마디씩 하는 모양새다. "너만 아니었어도!"라며 뒤통수를 한 대씩 치기도 하고 말이다.

반대로 감정의 입장에서는 적잖이 억울한 순간이다. 나무 그늘 아래 가만히 앉아 있기만 했을 뿐이다. 이제까지 거들떠도 안 보더니 갑자기 다들 찾아와서 난리다. 그렇게 나 좀 들여다봐 달라고 할 때는 귀를 막고 피해 다니지 않았던가. 지금은 너를 상대할 때가 아니라고, 그렇게 한가한 시절이 아니라고 말이다. 그럼 지금은 한꺼번에 모두 나를 상대하기로 작정을 하고 다 같이 한가해지기라도 한 것일까?

오래전 TV 드라마 〈내 이름은 김삼순〉에서 여주인공이 꿈속에서 돌아가신 아버지를 만나 "심장이 딱딱해졌으면 좋겠어"라고 말하며 우는 모습이 아직도 생생하다. 누군가를 만나고 헤어지는 일은 몇 번을 반복해도 여전히 아프다고 말이다.

그 드라마가 인기를 얻었을 때쯤의 나도 그랬다. 여주인공의 대사와 그 장면이 기억에 남는 것도 그 때문이다. 나 또한 아무것도 느끼지 못하기를 바라며 눈물을 흘렸다. 이게 다 감정 때문이라고, 느끼지 못하면 아플 일도 없을 것이라고 생각했다. 심장이 딱딱해지기를 바라며 내가 한 일은 소설과 시 읽기를 중단한 것이다. 얼마 뒤에는 영화와 드라마까지 모두 보지 않게 되었다. 아니다. 보지 않기로 작정을 하고 피하고 말 그대로 끊었다.

그때까지 나는 거의 매일 소설 속에 파묻혀 살았다. 소설 속 세계를 동경했고, 영화와 드라마 속 완벽한 세상이 좋았다. 현실의 나는 전혀 달랐다. 날마다 가슴을 치며 답답해해 봐야 달라지는 것은 없었다. 관계 속에서 상처받을 때마다 심장이 딱딱해지기를 때로는 멈추기를 기도했지만 다행히 아무 일도 일어나지 않았다. 나는 쓸데없이 감정만 풍부하다며 자책했다. 자꾸만 넘어지고 우는 내가 싫어서 견딜 수가 없었다.

그게 다 소설 때문이라고, 영화, 드라마, 연극 때문이라고 여겼다. 그런 것들로부터 벗어나면, 차단하면 내가 덜 괴로울 것 같았다. 최대한 감정을 느끼는 상황, 가능성, 횟수를 줄이려고 했다. 점점 무뎌지면 어쩌면 심장이 좀 더 느리게 뛰거나 어느 정도는 뻣뻣해져 아무렇지 않은 듯 살아갈 수 있을 줄 알았다.

누군가를 만나는 일도 싫었다. 서로를 알아 간다는 이유로 이런저런 과거의 이야기들을 꺼내야 하는 것부터가 탐탁지 않았다. 구질구질해 보였고 주절거리는 상대방이 보기 싫었다. 돌아보면 새로운 관계의 시작일 뿐이다. 하지만 그게 그렇게 싫었다. 대단치도 않은 사람들이 모여 대단치도 않은 이야기를 하며 별스럽지 않은 똑같은 삶을 살아가는 것이라 여겼다. 나는 항상 불만이 가득했고, 나를 미워했고, 나와 마주 앉은 이들을 지겨워했다. 퇴근하고 나면 그대로 빨리 잠드는 것이 목적이었다. 나를 혹사하고 그대로 쓰러져 잠들었고, 정해진 시간에 일어나 일을 했고 똑같은 날이 반복되었다.

당시의 내가 쓴웃음을 지으며 했던 말들이 기억난다. '나는 굉장히 감정적인 사람이라서 일부러 나에게 감정적인 영향을 끼치는 것들을 모두 끊어 버리고 스스로 차단했다'고 말이다. 나는 이제 무미건조하고 이성적인 사람이 되었고 이런 내가 아주 마음에 든다고도 했다. 사실은 정반대였다. 그러는 내내 나는 이러지도 저러지도 못

하는 나를 미워했다. 나를 그렇게 만들었다고 여긴 내 감정을 미워했다. 이게 다 감정 때문이라고 감정이 도대체 얼마나 대단하기에 이렇게까지 애쓰면서 떼어 내야 하는지 원망스러웠다. 나에게 있는 감정은 모두 다 나를 해치기 위한 것뿐이었고, 나에게 생겨나는 감정은 나와 다른 이들과 세상 모두에게 독이 되는 것뿐이었다.

내가 애써 이성적임을 강조하고 있는 사이 나는 더욱더 이른바 감정적인 사람이 되어 가고 있었다. 내 안의 숨겨 놓은 내가 두려웠고 언제 나타날지 몰라 안절부절못했다. 애써 침착한 척하느라 온 신경을 쓰고 있었다. 누군가 조금만 자극을 주어도 으르렁거리며 날을 세웠고, 숨기느라 또다시 애를 써야만 했다.

나에게 단단히 미움을 산 감정은 한동안 나를 떠나 피해 있는 듯도 했다. 하지만 내가 나의 책들과 다양한 자리에서 이미 밝힌 바와 같이 몇 차례의 감정 폭발을 겪으면서 내가 애써 멀리하고 도망치려 했던 모든 감정들은 어느 것 하나 나와 멀어진 것이 없었다. 오히려 내가 하나라도 놓칠세라 모두 끌어안고서는 언제 터질지 몰라 전전긍긍하며 숨소리도 제대로 내지 못하고 살고 있다는 걸 깨달은 것이다.

역설적으로 감정이 폭발한 순간 나는 후련함을 느꼈다. 가장 힘들다고 느낀 순간 자유로움도 느꼈다. 될 대로 되라는 마음도 있었지만 무엇보다 밑바닥까지 떨어져 더 이상 감추고 숨길 것도 없는 내가 차라리 안심이 되기도 했다. 내가 똑똑히 보고 확인하자 비참하지만 한편에서 용기가 생겼다. 비참한 나를 똑똑히 보고 나서야 어이없게도 나를 일으켜 세우려는 새로운 힘이 생긴 것이다.

나는 이렇게 형편없고 어이없는 인간이었다. 그래서 이제부터 다시 시작한다. 나를 지켜보는 눈이 없는 이 밑바닥에서 진짜 살아 있는 내가 움직이기 시작했다. 눈을 들자 비로소 내 감정과의 오랜 오해도 조금씩 풀리기 시작했다. 그는 항상 나무 그늘 아래서 나를 지켜보고 있었다. 그 앞에서 춤도 추었다가 주저앉았다가 손가락질도 하면서 싸워대는 건 나뿐이었다. 어느 순간 나 혼자 말 그대로 생쇼를 해 가며 뭐 하고 있는 건가 정신이 들었다. 그리고 쭈뼛쭈뼛 그 나무 그늘 아래로 나도 들어가 보았다.

그곳은 조용했다. 시원했다. 가만히 앉아 있자니 솔솔 잠이 올 정도였다. 이런 줄도 모르고 저 너머 땡볕에서 나 홀로 울고 소리치며 뛰어다녔다. 소설과 영화라는 이름으로 감정에 핑계를 댔다. 감정에 자꾸만 책임을 묻고 싶었다. 나를 힘들게 하는 것이 감정이라고 그러한 감정을 차단하고자 소리를 높였다.

감정은 죄가 없었다. 나쁜 감정은 없었다. 감정 때문이 아니었다. 원인도 모른 채 다른 것들에 핑계를 대는 내가 있을 뿐이다. 소설이 아닌 나의 경험, 나의 감정을 들여다보고 그 안에 있는 나의 이야기,

나의 모습, 나의 상태를 확인하는 것이 우선이었다.

억울한 오명을 벗은 감정이 드디어 내 눈에 들어온다. 감정은 항상 그곳에 있었다. 이쪽의 상황에 따라 감정이 이렇게도 보이고 저렇게도 보였을 뿐이다. 원인은 이렇게도 보이고 저렇게도 본 내 안의 무언가였다. 과거의 기억일 수도 있고 특정인과의 관계일 수도 있다. 일시적인 스트레스나 업무의 난이도나 단순한 업무량일 수도 있다. 그 모든 것들을 하나하나 확인하는 것은 뒷전이면서 당장 떠오르는 감정에 핑계를 댄 것이다.

나쁜 감정은 없다. 설령 나쁜 감정이 있다 해도 내가 만날 일이 없다면 없는 것이나 마찬가지다. 중요한 것은 감정의 가치가 아니라 내 안에 감춰 둔 무언가를 확인하는 일이다. 오늘도 나와 다른 이들의 시선을 돌리기 위해 감정에 핑계를 대고 있지는 않은가. 감정 때문이라며 감정과 점점 더 멀어지고 소홀하지는 않은가. 다시 말하지만 나쁜 감정은 없다. 감정과의 관계가 원활하지 못한, 아직 서툰 관계의 내가 있을 뿐이다. 그리고 관계 회복을 위한 기회는 아직 얼마든지 있다.

PART 4

저절로 자존감이 높아지는
자존감 셀프 코칭법

EMOTIONAL COACHING

내 마음이 보내는 신호 알아차리기

나는 어떤 면에서는 더할 나위 없이 예민하지만 한편으로 완전히 둔하다는 소리도 듣곤 했다. 그 둔하고 눈치 없는 부분은 바로 누군가 나를 좋아한다는 것을 전혀 모르고 지나가는 경우였다. 꽤 많은 시간이 흐른 뒤에 '그때 내가 너한테 고백했는데 네가 거절했다'는 식의 내용이 반복되곤 했다. '엥? 내가?'라고 돌이켜 생각해 봐도 전혀 기억이 나지 않는다. 적어도 고백이라면 내가 몰랐을 리가 없을 텐데 말이다. 서로 어리고 서툰 시기라 그랬을 수도 있다. 얼마 전에 본 〈너의 결혼식〉이라는 영화는 첫사랑의 타이밍에 대해 어찌나 생생하게 그리고 있던지 새삼 나의 과거를 돌아보는 계기가 될 정도였다.

당시 이야기를 세세하게 다시 들어보고 나니 내가 왜 그랬는지 알겠다. 나는 그냥 "네가 좋아"라는 정도로는 알아차리지 못하는 타입이었다. "나는 네가 정말 좋고 앞으로 너의 남자 친구가 되고 싶다"라든지 선물의 가격이나 종류와는 관계없이 뭔가 물질적인 증거가 될 만한 것을 쥐여 주며 "이것이 내가 너를 좋아한다는 뜻이고 앞으로 계속 만나고 싶다"라고까지 해야 '아, 그렇구나'라고 드디어 알아차리는 것이었다.

상대방이 고백한 한마디로는 다음 날 다시 만나도 아무런 변화가 없다. 그럼 상대방은 자신의 고백이 거절당했고 그냥 지금처럼 친구로 지내자는 뜻으로 이해했다. 다시 고백하고 더 확실하게 이야기할 수도 있겠지만 어디까지나 만약의 이야기고, 당시로서는 충분히 용기 낸 정도일 것이다. 그런 풋풋함이 오히려 웃음 나는 추억이 되기도 한다. 이처럼 누군가 어디선가 신호를 보낼 때 잘 알아차리지 못하는 경우가 있다. 알아차렸다 하더라도 적절한 해석이 뒤따르지 못하면 애써 보낸 신호가 무의미해져 버리기도 할 것이다.

우리의 마음도 신호를 보낸다. 눈치 없는 내가 그랬듯 그 신호에 제대로 반응하지 못하고 넘어갔을지도 모른다. 마음은 마음대로 나는 나대로 서로 그런 일 없다며 오해를 쌓아 가고 있는 건 아닐까. 사람은 다시 만나 해명할 기회를 가질 수도 있겠지만 내 마음은 어떻게 한단 말인가.

그동안 우리는 내 마음이 보내는 신호에 어떻게 반응하고 있었을까.

첫째, 그것이 신호라는 것을 모르는 경우다.

평소와 다른 점을 느끼지 못하는 것이다. 신호의 강도가 약하기 때문일 수도 있고, 사전에 약속된 방법과 다르기 때문일 수도 있다. 혹은 서로 학습된 내용이 달라서일지도 모른다.

둘째, 신호라는 것은 알지만 그 해석이 어려울 때다.

분명 평소와 다른 의미를 갖는다는 것까지는 이해했지만 그 의미를 알지 못한다. 나를 좋아하는 것 같은데 그러면 어떻게 하자는 것인지 모른다. 그래서 신호임을 알고도 어떻게 해야 할지를 몰라 갈팡질팡하며 시간만 보내는 경우도 있다.

셋째, 신호임을 알고 해석도 했지만 그 해석이 빗나갔을 때다.

평소와 다른 신호를 알아차렸지만 내 맘대로 해석해 버렸다. 다행히 맞아떨어지면 좋겠지만 전혀 상관없는 다른 의미로 받아들이는 경우도 있을 수 있다. 나름대로 반응하고 행동한 것이 의도와는 점점 더 멀어지면서 원치 않는 결과에 이르기도 한다.

내 마음이 보내는 신호를 알아차리고 대응하는 방법도 마찬가지다.

첫째, 이것이 신호라는 것을 알아차리는 방법을 알아야 한다.

나에게 신호인지 소음인지 구분해 내는 것이다. 일상의 수많은 소음에 묻혀서 내 마음이 보내는 신호를 놓칠 수 있기 때문이다. 의도적으로 일상의 소음에서 물러나 내 마음의 소리만 들을 수 있는 기회를 갖는다. 한 번으로 그치지 않고 주기적으로 기회를 주는 것이 더 중요하기도 하다. 예전에 한 번 기회를 줬는데 별것 없었다고 영원히 그러라는 법은 없다. 가볍게 자주 내 마음의 신호를 알아차리는 기회다. 그러한 기회를 통해 점차 일상에서 쉽게 알아차리는 훈련이 된다.

둘째, 내 마음이 보내는 신호임을 알지만 해석이 되지 않을 때다.

무언가 내 마음에 있다는 것은 알겠는데 어떻게 해야 할지 몰라서 방치되기도 한다. 뒤늦게 심각한 증상이 나타나고 나서야 방법을 찾으려 하기도 한다. 마음이라는 이유로, 겉으로 드러나지 않는다는 이유로 숨겨 두려고만 하는 경우도 있다. 손가락 끝이 1센티미터라도 찢어지면 병원으로 달려가지만 마음은 갈기갈기 찢어져도 그대로 두고 시간이 가기만을 기다린다.

시간은 약이 되기도 한다. 하지만 상처가 벌어진 채로 시간이 흐르면 그 자체보다 2차 감염으로 인해 위험해지듯, 마음의 상처도 약해진 상태로 겪게 되는 2차적인 경험들로 돌이킬 수 없는 일이 생기기도 한다. 혼자 해석이 되지 않을 때, 신호가 사라지고 무뎌지기 전에 그를 읽어 줄 수 있는 사람을 만나거나 기관으로 가 보자.

셋째, 신호임을 알고도 엉뚱한 대응으로 헛된 노력을 하는 경우다.

극심한 피로감에 시달리고 입안과 목구멍에 궤양이 여러 개 생기고 배가 아파 회사에서는 저녁 식사를 하지 못하던 때가 있었다. 나는 그것이 분명한 신호라는 것은 알았다. 뭔가 나에게 일어나고 있다는 것은 느꼈다.

하지만 그 해석의 방향이 맞지 않았다. 면역력을 높인다는 각종 영양제를 사 먹고 야근 후 퇴근길에 마사지를 받고 주말에는 시간을 쪼개 피부과도 다녔다. 여전히 달라지는 것은 없었다. 돈이 아깝다는 생각이 들고 자꾸만 돈이 들어가는 내 몸이 싫어졌다. 근본적인 원인, 신호의 해석이 전혀 맞지 않았던 것이다. 필요한 것은 계속해서 떠오르는 일에 대한 불안감을 덜어 내는 것, 주말에도 발을 동동 구르는 나를 사무실에서 꺼내 오는 일이었다. 자꾸만 무언가 하지 않아도 됨을 알게 해 주는 것이 우선이었다. 진짜 신호는 무시하고 자꾸만 딴 길로 뛰어들어 가려고만 했으니 내 마음은 얼마나 답답하고 속이 탔을까.

내 마음도 신호를 보낸다. 눈치 없는 나는 오늘도 내 마음의 신호를 알아차리지 못하고 있을지도 모른다. 하지만 내 마음도 신호를 보낸다는 것을 아는 것만으로도 알아차릴 가능성은 더 커진다. 내 마음의 신호를 알아차리는 것이 우선이다. 한 가지 방법으로 나타나지 않을 수도 있다. 머리로 가슴으로 몸으로 다양하게 나타난다. 혼자 있을 때는 물론이고 다른 이들과 함께 있을 때에도 나타날 수 있다. 이 모든 것의 가능성을 미리 알고 열어 두는 것이 시작이다.

다른 이들의 눈치를 볼 시간에, 못다 한 일에 신경을 곤두세울 시간에 내 마음의 신호에 집중해 보자. 지금도 애타게 신호를 보내며 구조 요청을 보내고 있을지도 모른다. 세상을 구하기 전에, 회사를 구하기 전에 당신부터 살려 내라고 한다. 당신의 마음부터 돌아보라고 말이다. 세상의 소음에 휩쓸려 놓쳐 버리기 전에 지금, 세상을 향한 눈과 귀를 잠시 닫고 내 마음에 집중해 보자. 어쩌면 수년간, 평생토록 그랬던 것처럼, 지금 이 순간에도 내 마음이 신호를 보내오고 있을지도 모른다.

사소한 감정에 목숨 걸지 않는다

해마다 회사에서는 다양한 이유로 워크숍을 떠나곤 했다. 팀 단위로, 본부 단위로, 때로는 회사 전 직원이 함께 가기도 했다. 저녁 식사 후에는 보통 음주가무를 함께 즐기거나 오락 프로그램으로 친목을 도모하곤 했다. 대체로 크게 다르지 않은 구성이었다.

사실 음주가무에 치중했을 때는 이렇다 할 기억도 없기에 그저 그런 회식의 연장으로 남아 버리곤 했지만 나름 팀원들이 준비한 프로그램에서는 소소한 추억거리들도 있다. 아직도 기억에 남는 것 중 하나는 '윷놀이'다. 명절도 아니고 일가친척도 아닌 이들이 웬 윷놀이냐고 할 수도 있다. 당시에도 많은 이들이 "윷놀이는 무슨 윷놀

이야"라고 했다.

알고 보면 윷놀이만 한 것도 없다. 남녀노소 누구나 규칙을 알고 있고 개인으로도 팀으로도 할 수 있는 게임이다. 게임 운영에 따라 다양한 반전 요소들도 있고, 엎치락뒤치락하며 목표 지점을 향해 나아가는 스릴도 있다.

어쨌든 4개 팀으로 나누어 윷놀이를 하게 되었는데, 막상 시작하니 엄청난 집중력을 불러왔다. 던지고 나오는 대로 가는 것인데도 뭐가 나올까 기대되고 예상대로 나오면 나온 대로 안 나오면 안 나온 대로 환호하고 탄식하게 하는 힘이 있었다. 급기야 게임은 과열되었는데, 서로의 말이 잡고 잡히는 과정에서 팀별로 목소리를 높이다가 '국제 윷놀이 협회'까지 들먹이며 논쟁을 벌이기에 이르렀다.

상상해 보라. 평균 연령 30세 이상 어른들이 손톱만 한 말과 말판을 앞에 두고 핏대를 세워 가면서 서로 자기가 맞는다고 난리를 치는 상황을. 밤 12시가 다 되어 가는 지방 어느 리조트 거실에 모여서 말이다. 얼굴을 붉히기 직전에 극적 합의를 보았고 게임은 계속 이어졌다. 다음 날엔 몸 이곳저곳 몸살이 날 지경이다. 목은 또 어찌나 아프고 칼칼한지, 소리 좀 지르긴 질렀나 보다. 윷놀이, 그게 뭐라고 말이다.

내가 지금 하려는 이야기가 딱 그렇다. 사소한 감정 하나로 시비가 붙어 큰 사고로 이어지는 경우가 있다. 어이없고 안타깝기 이를 데 없다. 저렇게까지 할 이유가 없는데 하는 생각 때문이다. 제3자의 눈으로는 너무나 명확한데 당사자들에게는 전혀 그렇지 않았던 것이다. 그들도 나중에는 왜 그랬는지 모르겠다며 후회하지만 이미 늦은 경우가 많다. 꼭 큰 사고까지는 아니어도 의도치 않게 싸움으로 발전하는 경우를 쉽게 볼 수 있다. 어느 순간 정신을 차려 보면 이미 서로가 상처받을 대로 받고 난 뒤다. '사소한' 감정 하나다. 그게 뭐라고 말이다.

문제는 당시에는 전혀 사소하게 느껴지지 않는다는 데 있다. 진즉에 사소하다고 느꼈다면 멈출 수 있었을지 모른다. 하지만 그 순간에는 그것이 전부로 보이고 더 이상 중요한 것은 없는 것만 같다. 이렇게 힘든 감정은 처음인 것만 같다. 자기도 모르게 자꾸만 몰입하고 몰입할수록 더 크게 보여 목숨 걸고 달려들기에 이르는 것 아니겠는가.

애초에 그것이 사소하다는 것을 모를 수도 있다. 감정 자체가 분별이 되지 않는다면 보다 근본적인 방법이 필요하다. 감정을 이해하는 경험이 전혀 없었거나 왜곡된 상태로 계속되어 왔기 때문에 모든 것을 처음부터 극단적으로 받아들일 수도 있다. 의미에 대한 해석이 어려운 경우다. 모든 자극을 동일하게 받아들이고 최대치의 반응으로 폭발하는 경우라면 보다 구체적인 치료가 필요한 상황이

므로 전문가의 도움이 절실하게 필요하다.

한편 사소하다는 것을 이성적으로는 알지만 실제 상황에서 적절한 때에 멈추는 것이 어려운 경우도 있다. 대부분은 여기에 속한다. 분명 사소한 감정에서 시작되었다는 것을 알지만 주변의 자극으로 인해서 증폭되기도 한다. 내가 제어할 수 있을 때에도 될 대로 되라는 식으로 버려두면 그대로 점점 부풀어 오르기도 한다. 멈춰야 할때에 멈추지 못하고 어떤 식으로든 한번 폭발하고 난 뒤 순간적으로 이성을 되찾아 자책하는 경우는 얼마든지 있다.

직장에서의 감정 상황도 대부분 사소한 감정에서 시작한다. 직장에서는 애초의 목적대로 각자의 일만 한다면 개인적인 감정이 개입할 여지가 거의 없다. 사람들이 모여 있는 곳이기에 이론대로 되지 않는 것도 당연하다. 많은 경우 서로의 의도와 다르게 해석된 사소한 감정이 오해와 갈등을 부르는 것이다. 악의를 가지고 공격한다면 그에 대해서는 확실한 대응을 하는 것이 맞는다. 이때도 당시의 감정에 휘말려서 반응을 하는 것은 나에게 절대적으로 불리하다.

자질구레한 다양한 감정 상황에 일일이 반응하는 것은 피로감만 더할 뿐이다. 내 반응이 상대방에게 영향을 주어 내 입맛에 딱 맞는 변화를 가져올 수 있다면 시도해 볼 수도 있겠다. 헛된 기대인 경우가 대부분이지만 말이다. 그래서 사소한 감정에 목숨 걸 필요가 없다. 불필요한 기대가 불필요한 감정을 불러일으킨다. 불필요한 감정이 불필요한 피로감을 더한다. 불필요한 피로감이 더 좋은 곳에 쓸 수 있는 내 에너지를 갉아먹고 힘 빠지게 만든다.

직장에서 유독 예민한 Y는 모든 것에 촉각을 세운다. "왜 나에게만 이런 게 잘 보이는지 모르겠다"며 털어놓은 그의 이야기는 이렇다. Y가 출근해서 제일 먼저 하는 일은 누가 누구에게 인사를 하는지 지켜보는 일이다. 몸은 본인 책상 앞에 있지만 눈과 귀는 온통 출근하는 이들에게 쏠려 있다. 자신도 모르게 누가 인사를 제대로 하는지 누가 그냥 지나치는지 누가 하는 둥 마는 둥 책상으로 쏙 들어오는지 다 보인다고 했다. 인사를 안 하거나 해도 안 받는 얄미운 이들 때문에 아침부터 짜증이 난다고도 했다.

하루 중 누가 일을 많이 하는지 누가 돌아다니며 수다를 떠는지도 자꾸만 신경이 쓰였다. 본인 일도 많은데 일도 안 하고 돌아다니는 누군가를 보고 있으면 속이 부글거리고 억울한 기분이 든다. 상대적으로 일을 도맡아 하면서 한마디도 못 하는 이들을 보고도 속이 상했다. 왜 저러고 있을까 한심하기도 하고 또 그런 마음에 동요되면서 마찬가지인 자신의 모습에 서글퍼지기도 했다.

비단 Y만의 이야기가 아니다. 이렇게 객관적으로 읽으면서 들었던 자신의 생각을 들여다보라는 뜻이다. 알고 보면 사소하게 넘어

갈 수 있는 감정들이 많다. 다분히 일상적이고 대부분 불필요한 감정들이다. Y의 이야기에서 알 수 있듯 내가 집중해야 할 것에 집중하지 못할 때 사소하고 불필요한 것들이 자꾸만 나를 파고든다. 어영부영 받아들이다 보면 정작 내가 원하는 것에는 관심도 주지 못한 채 밀려나 버린다.

사소한 감정에 목숨 걸지 말라. 작게는 사소한 일에 하나하나 신경 쓰지 말라는 의미다. 신경 쓰는 동안 정작 중요한 것은 뒷전이 된다. 나만의 우선순위가 없기에 자꾸만 주변의 것들에 신경을 빼앗기는 것이다. 크게는 목숨 걸어야 할 것 같은 상황이 오기 전에 스스로 깨닫는 훈련이다. 한 번 두 번 그냥 내버려 두고 흘려버리면 당장은 아니지만 어느 순간 원치 않게 점점 더 큰 파도가 되어 돌아온다. 사소한 감정은 사소할 때에 알아차리는 것이 제일이다. 더 큰 파도, 감정의 쓰나미가 되면 늦는다.

사소할 때가 가장 소중하다. 사소한 지금이 최고의 기회이기 때문이다. 사소한 감정에 목숨 걸기 전 '잠깐 멈춤'을 선언하는 것, 그리고 그것이 사소한 감정임을 확실하게 해 두는 것이 내 사소한 감정에 대한 예의다.

말투를 바꾸면 감정이 달라진다

"아 그런 거였어? 난 또 나를 도와주려는 줄도 모르고…"

방금 전까지만 해도 가시 돋친 말투로 이야기하던 K의 목소리가 완전히 달라졌다. K는 진도가 나가지 않는 보고서를 붙들고 하루 종일 씨름하던 차였다. 그러던 중 옆자리 B가 "얼마나 했어?"라는 질문에 "그건 네가 알아서 뭐 하게?"라며 자기도 모르게 쏘아 버리고 말았다. '너는 보고서 다 했다 그거지? 나는 아직도 하고 있냐고 떠벌리고 싶은 건가?' 하는 생각이 떠오른 것이다. 그 생각을 읽은 듯 B는 K에게 속삭이듯 작은 목소리로 이야기를 이어간다.

"나 지금 시간 괜찮으니까 내가 도울 수 있는 부분은 나한테 넘기라고."

　K는 순간 B에게서 후광이 비치는 것을 보았다. 좀 전까지는 눈치 없는 떠버리로 취급했는데, 오늘만큼은 흑기사, 구세주가 되었다. 덕분에 K의 목소리가 순식간에 나긋나긋 바뀐 것이다. 그렇게 안 봤는데 사람이 참 괜찮아 보인다. 그에 대한 감정이 바뀌자 대하는 목소리와 말투가 대번에 바뀌었다.

　이런 경험 있지 않은가? 오해가 풀리고 화해를 하고 관계가 회복되면 제일 먼저 달라지는 것이 말투다. 마음 깊은 곳에서부터 변화가 있겠지만 말투만큼 바로바로 확인되는 부분도 없다. 변화는 말투에서부터 확인된다. 단번에 완전히 달라지지는 않을 수도 있다. 개인차도 있겠지만 감정이 달라지면 어떤 식으로든 말투에서 드러나는 것은 부인하기 어렵다.

　반대의 경우도 마찬가지다. 좋았던 감정이 바뀔 때도 말투에서 드러나곤 한다. 우리가 드라마나 영화를 볼 때도 말투에서 뭔가 심상치 않은 일이 벌어지고 있음을 짐작하지 않던가. '저렇게 말하는 걸 보니 뭔가 있는 모양인데?'라고 말이다.

　말투라고 하면 무엇이 떠오르는가? 과거의 나는 말투에서 목소리와 억양과 같은 물리적인 것들만 떠올렸다. 이른바 나긋나긋한 어조와 적당한 크기의 목소리가 가장 중요했다. 말투를 연습한다고 승무원이나 아나운서들을 따라 해 보기도 했다. 정확한 표준어 구사에 입꼬리를 올린 미소를 추가하는 것이 나름의 연습이었다.

알고 보니 감정이 표현되는 말투는 그것들이 전부가 아니었다. 서비스 직종에서 오래 근무한 이들이 매뉴얼에 따라 훈련된 미소와 친절로 대할 때를 떠올려 보자. 분명 예의를 갖춰 정중하게 이야기하는 것 같은데 아무런 감흥이 느껴지지 않는 경우도 있다. '영혼 없는' 기계처럼 느끼기도 한다. 그래서 '~하실게요'와 같은 특유의 말투를 희화화한 드라마나 예능 프로그램 속 장면들이 나오는 것 아닐까. 보는 이들 또한 어떤 식으로든 경험했기에 누군가를 떠올리며 웃게 되는 것이다.

말투에 대해서 다시 생각하게 된 계기도 이와 비슷하다. 분명 이제까지 알고 있던 말투에는 전혀 문제가 없는데도 불구하고 저런 말투는 '아닌 것 같다'는 생각이 자꾸 든 것이다. 그래서 그 말투에 무언가 더 있다는 것을 깨닫게 되었다.

그렇다면 말투에는 뭐가 더 있을까?

첫째, 말의 방향을 명확하게 하는 것이다.

흔히 의도와 관계없이 말이 잘못 나갔다고 하는데, 반은 맞고 반은 틀리다. 우리가 의도와 다르게 말로 인해 상처를 받는 이유가 여기에 있다. 반대로 나의 의도와는 관계없이 상처를 주게 된 경우를 생각해 보자. 나의 의도는 완전하게 순수하고 옳은 것이었는데 상대방이 오해를 하게 된 경우가 있던가? 돌아보면 그렇지 않았다. 전체 의도는 그것이 아니었다 치더라도 순간적으로 의도가 달라지는 경우는 얼마든지 있다. 대화의 시작이 미숙했다든가 이어 갈 방향을 보지 못한 경우가 대부분이었다.

결과적으로 의도는 그게 아니었을지라도 말을 시작하는 방향 설정이 모호하면 의도와 관계없이 제멋대로 나아간다. 의도가 없이, 명확하지 않은 채로 말로만 '내 의도는 그렇지 않았으니' 상대방이 알아서 잘 듣는 일은 일어나지 않는다. 다시 말해 의도부터 명확하게 하는 것, 의도에 맞게 표현하는 것이 진정한 말투다.

둘째, 말의 흐름을 구체적으로 하는 것이다.

말의 시작은 그럭저럭 좋았다고 치자. 하지만 일방적인 단 한마디로 끝나는 일은 거의 없다. 말은 시작하면 자기도 모르게 계속해서 이어 가게 된다. 상대방의 반응에 따라 혹은 나의 의식의 흐름에 따라서 말이다. 우리가 흔히 맥락 없이 이어 가는 경우 '의식의 흐름을 따른다'고 우스갯소리로 이야기한다. 이것저것 말만 많아지면 '아무말대잔치'라고도 한다. 모두가 말의 흐름을 놓쳤을 때 하는 말이다.

말을 이어 가기에 급급하여 흐름을 놓치는 순간부터 내가 원한 말투와는 멀어진다. 의식의 흐름이 우스갯소리가 되는 경우는 불쑥불쑥 나도 모를 문장으로 이어지기 때문이다. 대화의 흐름을 타는 것이 진정한 말투다. 적어도 흐름을 놓쳤다면 멈출 수 있는 정도의 의식을 부여잡는 것으로도 달라진다.

셋째, 세세한 어휘와 문장의 연결을 서로 맞추는 것이다.

거창하고 의미심장한 어휘를 쓰거나 입이 딱 벌어지는 수려한 문장 연결이 아니다. 긍정 어휘와 긍정문을 중심으로 사용하여 의미를 전달하는 실제적인 방법에 가깝다. 말의 방향과 흐름을 명확하고 구체적으로 했다 하더라도 어휘와 문장의 연결이 부정어와 부정문으로 이어지면 자꾸만 힘이 빠진다. 분명 무엇을 말하는지는 알겠는데 계속 듣고 있기 힘들어지는 것이다.

똑같은 의미를 전달하더라도 긍정 어휘와 긍정문으로도 얼마든지 문장을 완성할 수 있다. 특히 직장에서 우리가 흔히 사용하는 '없다, 안 된다, 못 한다'만 바꿔도 완전히 달라진다. 그럼 무조건 '있다, 된다, 할 수 있다'만 사용하라는 것일까? 무조건 예스, 뭐든지 가능하다고 말이다. 그렇게 해서 더 힘들어지면 나만 손해 아니냐고 말이다. 당연히 그런 뜻은 아니다.

우리는 이미 알고 있다. 직장에서의 '없다, 안 된다, 못 한다'는 그 자체로 끝나지 않는다는 것을 말이다. 어차피 그다음은 당연히 '그럼 어떻게 할 것이냐', '대안이 무엇인가'로 이어진다. 오히려 불필요한 감정만 북돋우고 '애초의 의도와 다르게' 다음에 나오는 대안에 대해서 부정적인 태도가 되기 쉽다. 따라서 처음부터 없는 것보다 있는 것에, 안 되는 것보다 되는 것에 방향을 맞추고 긍정 어휘로 시작하면, 불필요한 오해도 줄이고 훨씬 편안한 긍정적인 감정으로 맞이하게 된다.

진심 어린 말투에는 이처럼 여러 가지 의미가 포함되어 있다. 그래서 말투만 바꾸어도 완전히 달라진다고 한다. 말의 방향만 명확하게 해도, 말의 흐름만 구체적이어도, 무엇보다 이러한 것들이 긍정 어휘와 긍정문으로 표현되면 가능하다. 앞서 이야기한 것 중 하나라도 달라지면 상대방은 말투가 달라졌음을 느낀다. 나와 상대방의 감정에서 불편함이 있었다면 말투부터 바꿔 보자. 말투를 바꾸면 감정이 달라진다. 감정이 달라지면 나의 모든 일상이 달라진다.

모두가 나를 좋아할 이유는 없다

20년도 더 전의 일이다. 당시만 해도 야간 자율학습이라는 명목으로 매일 밤 10시까지 학교에 남아 공부를 하는 것이 당연하던 때였다. 평범한 고교생들이 누군가의 생일이라고 해서 파티를 하러 가거나 학교 밖에서 할 수 있는 일은 거의 없었다. 대부분 교실에서 친구들이 쌓아 둔 초코파이의 촛불을 끄거나 친한 친구들이 찾아와 선물이나 편지를 주며 축하해 주는 정도였다.

고등학교 2학년 내 생일날이었다. 교실에 들어서자 역시 같은 반 친구들이 나를 반기며 생일을 축하해 주었다. 그때부터 친구들이 전해 주는 선물이 하나씩 내 책상에 놓이기 시작했다. 쉬는 시간에 화장실에 다녀오면 새로운 편지가, 그다음 시간이 되면 또 다른 선물과 쪽지가 붙어 있었다. 우리 반은 40명 정도였는데, 저녁때쯤 되어 세어 보니 선물만 67개였다. 편지와 쪽지는 세어 보지도 않았다. 우리 반 친구 모두가 선물한 것도 아니었다. 67명 중 절반 정도는 지금은 같은 반이 아니지만 예전에 같은 반이었던 친구나 친구의 친구로 친해지거나 나름 나의 팬을 자처하는 후배들이었다.

매년 그랬던 것은 아니다. 그 전까지는 기껏해야 10명도 안 되었다. 인원수로 판단할 성격은 아니었지만 비교하자면 그랬다는 뜻이다. 나는 초등학교 1학년부터 고등학교 1학년까지 매학기 반장, 부반장, 회장 등을 했다. 중학교 3학년 때는 전교 학생회장도 했다. 그리고 고등학교 2학년이 되어 드디어 그런 학생회 임원을 하지 않기로 했다. 따져 보면 교내 활동을 활발히 했던 때에 나를 알고 있는 이들이 더 많았을 것이다. 그럼에도 나와 함께 기뻐하고 축하해 주는 이들은 '민간인'일 때 훨씬 더 많았다.

당시 나는 내 판단이 옳다고 믿었다. 학생회 활동을 하는 것은 좋았지만 그런 활동들 때문에 친한 친구가 적다고 여겼기 때문이다. 겉으로 내색하지는 않았지만 나는 친한 무리와 몰려다니며 대장 노릇을 하고 싶었다. 왜 그런 것 있지 않은가. 공식적인 조직은 아니지만 친목으로 뭉쳐 다니는 것 말이다. 드디어 학생회 활동을 포기하고 친구들과 몰려다니기 시작하면서 내가 원하는 그럴싸한 무리가 형성되는 느낌이었다. 복도를 지날 때마다 인사하고 반가워하는 친구들로 가득한 학교가 좋았다. 쉬는 시간마다 나를 보러 찾아오는 이들이 많은 것이 좋았다. 이렇게 좋은데 이제까지 모르고 살았다는 것이 억울할 지경이었다.

많은 이들과 어울리기 시작하면서 나는 그들이 나에게 뭘 원하는지도 알 수 있었다. 나에게 원하는 이미지가 있었던 것이다. 공부는 안 하는데 성적은 잘 나오고, 예쁜 척도 하지 않는 털털한 남자 친구 같은 친구. 상대가 누구든지 언제 어디서나 스스럼없이 친해지는 친구. 항상 기분은 좋고 가볍고 같이 있으면 항상 놀고 있는 느낌이 드는 식이다.

눈치 빠르게 파악한 이상 그 이미지에 더욱 충실할 수밖에 없었다. 내가 원래부터 그런 사람이었다면 그러한 이미지에 맞추고 있다는 것조차 인식하지 못했을 것 같다. 사실 나는 그런 아이는 아니었던 것이다. 다수를 대상으로 이야기하는 것은 좋아하지만 일대일의 친목 관계가 무작정 늘어나는 것에는 피로감을 느끼고 있었다. 특유의 수다를 떠는 일도 어느 순간엔 연극을 하듯 의무감이 들 때도 있었다. 항상 기분 좋은 사람, 가볍게 떠다니는 듯 행동하는 것이 돌덩이 같은 부담이 되는 횟수가 늘어났다. 나도 고민이 있는데 그런 모습을 보여서는 안 되었다. 내가 선택한 그 이미지를 위해 진짜 내 모습은 하나씩 자취를 감추고 있었다.

그렇다. 나를 위해서라고 믿었던, 많은 친구들에 둘러싸인 누구에게나 사랑받는 나를 위해 정작 나만의 것을 지워 버린 것이다. 내가 원하는 모습은 얻었지만 뒷면에는 모두에게 사랑받고 싶어 발버둥 치는 내가 있었다. 모두에게 사랑받지 못하는 이유를 들어 가며 그것들만 사라지면 되리라고 믿었으니까.

그 생일날 나와 함께 했던 67명 중 지금까지 남아 있는 친구는 단 한 명도 없다. 지난 세월을 다 헤아리지 않아도 된다. 대학에 들어가서부터 이미 대부분은 연락이 끊기고 멀어졌다. 나는 뭐가 그렇게 두려웠을까. 모두와 친하지 않으면 누군가 나를 뒤에서 욕할까 봐? 나와 가까워지고 싶지 않다고 거절당할까 봐? 내가 사랑받을 만한 사람이 못 될까 봐?

나에게 편안한 모습은 오히려 예전이었다. 친구가 적은 것이 불만이라고 했지만, 나에게는 이미 내가 감당하기에 충분한 친구들이 있었다. 어느 정도는 거리를 두고 독립적으로 행동하고자 하는 내 성향에 맞았던 것이다. 공식적인 자리에서는 두각을 드러내고 싶었던 나의 욕망과도 그대로 맞닿아 있었고 말이다. 하지만 모두에게 사랑받고 싶다는 생각을 하게 되면서 사랑을 주는 대상이 원하는 모습대로 나를 끼워 맞추어 살게 된 것이다.

이직 준비를 하며 그간의 바쁜 일상에서 벗어나 자신을 들여다보는 기회를 갖기로 한 T 대리도 그랬다. 나와 함께 일대일 코칭을 시작한 그는 계속해서 똑같은 이유로 직장을 그만두게 되는 것이 답답하기만 하다고 했다. 입사할 때만 해도 동료들과 쉽게 친해져서 회사 생활이 즐거울 것이라 기대했다. 몇 개월이 지나자 누가 봐도 알 수 있는 '왕따'를 당했고, 자꾸만 자신을 함부로 대하는 이들이 많아졌다. 말 한마디만 잘못해도 빙글빙글 웃으며 "그것도 모르냐"며 핀잔을 주거나 상사는 "네가 그러면 그렇지." 하는 식으로 하던 일을 제대로 봐주지도 않는다.

T 대리는 모두에게 사랑받고 '친한 사람'이 되고 싶어 안달이 나 있었다. 한 명 한 명을 대할 때마다 전적으로 상대방이 원하는 방식으로 행동했다. 업무 중 상사의 눈을 피해 휴게실에서 수다를 즐기는 동료를 위해서는 기꺼이 짝꿍이 되어 팀을 빠져나왔다. 퇴근 후 맥주 한잔을 즐기는 이를 위해서는 개인 시간을 모두 바쳐 함께 다녔다. 그 와중에 뒷담화를 즐기는 이에게는 한술 더 떠서 이것저것 얹어 주기도 했다. "너만 알고 있으라"는 그 말까지 포함해서 수다 짝꿍에게 맛깔스럽게 전달하기도 했다. 그러다 사고가 터졌다.

수다 짝꿍과 맥주 짝꿍의 사이가 틀어지면서 알고 있던 서로의 약점을 마구 꺼내기 시작했다. 그리고 상대방의 입에서 나온 이야기의 출처를 다그치자 모두 T 대리가 되고 만 것이다. T 대리라고 그런 위험을 전혀 몰랐던 건 아니다. 당시에는 상대방과 한편이 되어 있다는 소속감에 너무나 안락했고, 뒷일은 어떻게 되겠지 싶을 정도로 의지한 셈이다.

혼자 있으면 너무나도 심심하고 무섭기까지 했다는 T 대리. 혼자 있는 시간을 죽이기 위해 TV나 스마트폰만 잡고 살았다고 했다. 아무도 자신에게 연락을 하지 않고 모두가 자신을 싫어한다는 상상에 무섭고 미칠 것 같았다. 그 결과는 어떠한가? T 대리가 상상한 그대로 아무도 연락하지 않고 대화를 피하는 사람이 되었다.

예전의 나와 T 대리, 우리가 그들에게 사랑받기 위해, 인기를 유지하기 위해 신경 쓰고 어울려 다니던 시간에 차라리 온전히 나를 위해 집중했다면? 시시껄렁한 연예 기사 이야기나 맨날 그 타령인 직장 동료, 상사 뒷담화로 시간을 죽이지 않았다면? 혼자 있는 시간에 어찌할 바를 몰라 무서울 이유가 없다. 혼자 있어서 자유롭고, 그래서 더욱 여유로운 그 시간을 마음껏 즐겼으리라. 내가 모두에게 사랑받고 싶어 한 사이 나는 나에게 줄 기회를 빼앗아 다른 이들에게 바치며 그들의 반응에 마음을 졸였다.

모두가 나를 좋아할 이유는 없다. 오히려 모두가 나를 좋아한다면 다 함께 달려들어 나를 조각내어 나눠 가지려 할지도 모른다. 그러는 사이 나는 흔적도 없이 사라지고 말이다. 모두가 나를 좋아하기 전에 나부터 나를 좋아하는 것이 우선이다. 모두의 마음을 얻기 위해 노력한 것의 조금만 나에게 투자해도 평생 헤아릴 수 없는 수익률로 보답할 것이다.

　나부터 나를 좋아하면 된다. 그럼 외톨이처럼 혼자만 지내라는 거냐고 물을 수도 있다. 오히려 그 반대다. 내가 나를 좋아할수록 나를 좋아하는 이들도 늘어난다. 자신에게 충족감을 느끼며 만족하는 이들은 다른 이들에게도 나누어 줄 것이 있기 때문이다. 다른 이들의 눈에는 그게 보인다. 내가 좋아하는 누군가를 떠올려 보면 좀 더 쉽게 이해가 될 것이다. 그리고 다른 모든 건 나부터 나를 좋아해 보면 안다. 모두가 나를 좋아할 필요는 없다. 지금은 나만 나를 좋아해도 충분하다. 그 시작이 전부다.

바쁠수록 나의 감정부터 챙기기

2018년 4월 21일 자 《중앙선데이》에 '시간 빈곤에 갇힌 30대 직장맘, 하루 여가시간 53.6분'이라는 제목의 기사가 실렸다. 하루 종일 일과 육아, 집안일로 쉴 틈 없는 직장맘의 이야기를 다룬 기획 기사였다. 생존을 위한 최소한의 잠만 잘 뿐 자신을 제대로 돌볼 틈은 없다는 요지였다. 워킹맘으로서 기사를 읽는 내내 안타까움에 숨이 턱턱 막혔다.

집에서 직장에서 보육 시설에서 이리 치이고 저리 치였을 이들의 모습이 너무나도 눈에 선하다. 돈 좀 번다고 유세 떠냐는 이야기 듣고 싶지 않아 직장 생활 중 힘든 이야기는 남편이나 양가 부모에게 애초에 꺼내지도 못한다. 직장에서는 아이 핑계로 이리저리 힘든 일에서 빠지려는 것처럼 보일까 봐 짐짓 더 센 척도 해야 한다. 보육 시설에서도 혹여 내 아이가 마지막까지 남아 천덕꾸러기가 되지는 않을까 싶어 하원 도우미를 구한다고 발을 동동 구르기도 한다. 힘들게 만난 분이 조금이라도 불편한 기색이라도 보이면 내가 뭘 잘못했나 뭘 더 해 드려야 하나 고민이 기득하나. 차라리 내가 보겠노라 하시는 양가 부모님께 맡기기도 하지만 돈은 돈대로, 신경은 신경대로 더 쓰이는 건 사실이다.

어느 순간, 내가 누구를 위해 무엇을 위해 이 일을 하고 있나 싶다. 엄마를 보면 사흘 굶은 것처럼 허겁지겁 달려들어 다리를 잡고 오도 가도 못 하게 하는 천진난만한 아이를 본다. 그냥 나 하나 포기하면 된다 싶은 심정이 되어 버린다. 결혼 전 나도 분명 꿈이 있었고 이루고 싶은 것이 있었기에 오늘도 모두에게 조아리며 "예, 예, 다 제 잘못입니다"라며 하루를 잘 버티기만 바라는지도 모른다. 언젠가 이 시간이 지나기만을 기도하면서. 이러지도 저러지도 못한 채, 자신을 스스로 깎아먹으면서 닳아 없어지는 줄도 모르고 말이다.

누구보다 감정코칭이 필요한 이들이 그 사실을 깨달을 기회조차 없이 몸과 마음이 병들어 가고 있다. 직장맘의 이야기를 예로 들긴 했지만 이들뿐만이 아니다. 자신을 억누르며 살고 있는 이들 모두 다를 바가 없다.

나를 찾아온 이들 중에는 유독 워킹맘과 직장인이 많다. 앞서 출간한 나의 책들에서도 알 수 있듯 다양한 곳에서 많은 일들을 겪은 오랜 직장 생활 경험이 이들의 공감을 사게 된 것이다. 그들이 단 한 번이라도 용기를 내게 도왔을 뿐인데, 단순히 나를 만나서 이야기를 나누고 싶다는 생각이 인생을 바꾸게 되는 경우도 많았다.

아이러니하게도 모든 상황이 한가하고 여유로울 때는 감정코칭의 의미가 크게 와닿지 않는다. 작은 문제가 있어도 천천히 생각하다 보면 실마리가 풀리기 마련이다. 바쁠수록 내 감정을 들여다볼 시간이 절실하기에 그만큼 무조건 따로 떼어 놓아야 한다.

시작은 하루 중 잠깐이라도 무조건 혼자만의 시간을 갖는 것이다. 긴 시간이 필요한 것도 아니다. 단 30분만 온전히 내어도 충분하다. "시간이 없다"는 말을 입에 달고 사는 사람일수록 불필요하게 낭비되는 시간이 얼마나 많은지 알고 나면 소스라치게 놀란다. 오히려 '언제 그 많은 일을 여유롭게 해내는지' 궁금할 정도의 사람들은 시간이 없다고 동동거리지 않는다. "시간은 만들면 된다"면서 "시간은 쓸수록 늘어난다"고까지 한다.

혼자만의 시간에 스마트폰을 들여다보거나 TV를 틀어 놓고 누워 있는 시간은 제외한다. 그건 나에게 불필요한 외부 자극만을 더해 주는, 일시적인 마취제처럼 내 몸과 마음의 피곤을 모른 척하게 할 뿐이다. 진짜 나를 들여다볼 눈을 가리고 진짜 휴식에서 멀어지게 하는 방해물에 불과하다. 이런 버려지는 시간의 존재를 두 눈으로 확인하고 나면 많은 이들은 결국 자신의 말이 핑계에 불과했음을 알게 된다.

직장맘의 경우도 마찬가지다. 처음부터 끝까지 하나하나 '내가 아니면 안 된다'는 생각만으로 가득해서 다른 방법을 찾아볼 시도조차 못 한다. 어쩌면 이제는 지금의 생활이 관성처럼 굳어져서 다른 생각을 하는 것 자체가 버겁고 힘겨울지도 모른다. 휴일에 남편이나 다른 가족에게 잠시 아이를 맡겨 두라고 조언하면 "그건 해 본 적이 없고 그들이 잘할지 믿음이 안 가서 두렵다"고 한다. 남편이 자신의 이야기를 들어주려 할지, 내가 아이를 맡긴다고 해도 될지조차 모르겠다고 말이다.

그런 시도 자체가 내 감정을 들여다보는 일의 시작이다. 내 감정에, 숨죽이고 있는 진짜 나에게 기회를 주는 것. 나부터 명확해지면 다른 이들에게 구구절절하게 설명할 필요도 없다. 자신이 명확하지 않으면 상대방은 그 빈틈을 찾아 기존의 편한 방식을 유지하려고 한다. 보아하니 아직 망설이는 듯한데, 본인의 입장에서는 지금처럼 유지해도 문제 될 게 없었는데 꼭 그걸 해야 하겠냐고 말이다. 남편의 경우 "내가 나중에 좀 더 잘할게"라는 식의 구체적인 방법이나 실질적인 내용 없는 말로 넘어가고 싶어 하는 경우도 많다. 그럼 또 거기에 넘어가서 "뭐 나도 꼭 지금 하려던 건 아니었어. 자기가 잘하면 나도 나중에 해 볼게"라는 식으로 흐리멍덩해진다.

당장 모든 과정을 구구절절 설명하거나 미리 다 알고 있어야 하는 것은 아니다. 지금은 하루의 30분이라도 방해받지 않는 나만의 시간을 갖겠다고 이야기하면 된다. 그 시간 동안 다른 이들이 어떤 일을 해 주면 좋을지만 명확하게 이야기한다. 시작해야 기회가 되고, 내가 더 건강하고 행복해지면 주위 사람들에게도 자연스럽게 전해진다. 훗날 처음의 그 결정에 동참한 이들 또한 나의 긍정적인 변화에 자신도 일조했다며 뿌듯해하게 된다.

바쁠수록 내 감정부터 챙기자. 계속해서 내가 소모되거나 상처받을 대로 받은 뒤에는 지금 챙기던 다른 이들마저 챙기기 어려워진다. "남는 시간이 없다"고 하지만 남는 시간 같은 건 애초에 없다. 남기기 전에 버려지는데 싱싱하게 남아 있는 시간이 어디 있단 말인가. 그동안 남는 시간에 하려고 했던 수많은 것들이 스쳐 지나갈 것이다. 그중에서 실제 남는 시간에 얼마나 해 보았는가. 아니, 남는 시간 자체가 없었을 테다. 그렇다면 남는 시간에 무언가 하겠다는 건 안 하겠다는 것이나 마찬가지다.

내 인생에 핑계는 그만 대자. 핑계만 대면서 옛날이나 지금이나 변하지 않는 삶을 욕할 수 있을까. 이게 다 이런 집안에서 태어나서, 이런 직장에서 일하고 있기 때문이라며 가족 탓 남 탓만 하기도 지겹지 않은가.

바쁜 것 자체는 문제가 없다. 바쁠 수도 있다. 행복하게 바쁜 경우도 얼마든지 많다. 하루를 바쁘게 즐기며 다른 데 신경 쓸 여지가 없을 수도 있지 않겠는가. 매순간 온전한 나를 의식하며 충만하게 살고 있다면 문제 될 것은 전혀 없다. 문제는 바쁠수록 자꾸만 마음이 무거워질 때다. 몸은 바쁜데 생각은 느려질 때, 바쁠수록 어깨가 무거워진다면 내 감정부터 챙겨라. 더 이상 핑계 댈 여지가 없이 내 감정부터 돌봐야 한다는 신호다. 몸의 여러 가지 질병에도 전조 증상이라는 것이 있듯 내 마음의 질병을 가져올 전조 증상을 조기에 발견하자는 것이다. 이런 신호를 자꾸만 무시하고 있다면, 또다시 늘어선 줄의 맨 뒤쪽으로 나를 자꾸만 미루고 있다면 마지막 남은 기회마저 놓쳐 버릴지도 모른다.

나만의 감정 되찾기

'퍼스널 컬러(Personal Color)'에 대해 들어 본 적 있는가?

네이버 지식백과는 퍼스널 컬러(personal color)(『색채용어사전』,
2007, 도서출판 예림)를 다음과 같이 설명하고 있다.

퍼스널 컬러란 자신이 가지고 있는 신체 색과 조화를 이루어 생기
가 돌고 활기차 보이도록 하는 개개인의 컬러라고 한다. 퍼스널 컬
러는 신체 색과 조화를 이룰 때 얼굴에 생기가 돌고 활기차 보이지
만, 맞지 않는 경우에는 피부 결이 거칠어 보이고, 투명감이 사라

져 피부의 결점만이 드러나게 된다. 따라서 자신의 신체 색을 아는 것은 이미지 관리를 위해 효과적인 방법이 된다. 미국, 일본, 유럽 등에서 사계절의 이미지에 비유하여 신체 색을 분류하는 방법을 활용하고 있다. 즉, 봄, 여름, 가을, 겨울의 이미지에서 보여지는 색채를 이용하여 개인의 개성 있는 이미지를 연출한다.

내가 가지고 있는 신체 색과 조화를 이루어 나만의 이미지를 연출한다는 점에 끌려 나도 퍼스널 컬러 진단을 받아 보았다. 몇 단계의 진단 과정을 거쳐서 나온 결과는 흥미로웠다. 간단히 말해 나는 사계절 중 겨울에 속하고, 쿨톤이라는 진단을 받았다. 이러한 나에게 어울리는 옷과 메이크업 컬러 리스트를 받아 든 순간 나도 모르게 입꼬리가 올라갔다. 평소 내 옷장과 화장대에서 자주 보던 색상들인 것이다. 어느 정도는 스스로 '퍼스널 컬러'를 알고 있었다는 뜻이다. 그동안 거울을 들여다보며 나름 고민한 보람이 있었다. 순간 내 자신이 대견해 한껏 즐거워졌다.

사실 평소 옷을 사러 가면 자꾸만 비슷한 색상과 톤에만 손이 가서 의구심이 들곤 했다. 이게 정말 나에게 어울리기 때문에 구입하는 것인지, 혹시 예전에 비슷한 옷을 입어 본 경험으로 안전한 선택만 반복하고 있는 건 아닌지 말이다. 때로는 한 번도 시도해 본 적 없는 색상을 의도적으로 골라 본 적도 있다. 얼마 지나지 않아 깨달게 된 것은 '이제까지 하지 않은 데는 이유가 있다'는 결론뿐이었다. 그런 면에서 퍼스널 컬러 진단표는 내게 '이제까지 잘해 왔다'는 인증서와도 같이 와닿았다.

감정코칭도 이와 비슷한 면이 있다. 감정코칭연구소에서 코칭을 받는 이들이 처음 와서 혼란을 호소하는 많은 경우는 "이것저것 책에서 강의에서 본 대로 들은 대로 해 봤는데 기대만큼 만족스럽지가 않았다"는 것이다. 이후로 자꾸만 자신감이 없어지고 '해도 안 된다'는 생각에 더 움츠러든다고 말이다. 처음엔 나도 그랬다. 많은 이들이 효과를 보았다고 하는데 내게는 그저 그랬다. 반대로 누군가 지나간 말로 한 이야기가 남아서 내 나름대로 해 보았더니 의외로 좋았던 적도 있다. 핵심은 '나에게 맞는 것'이다.

감정코칭연구소 '마인드리셋 일대일 코칭' 프로그램은 나와 함께 일대일로 맞춤 코칭을 받는 과정이다. 큰 흐름은 유사하지만 세세한 내용이나 순서는 개인별로 다르다. 중심 내용은 '나에게 좋은 감정'을 찾는 일이다. 나에게 좋은 감정은 따로 있다. '사랑', '행복'과 같이 아주 큰 범위 내에서는 같다고 할 수도 있겠지만 세세한 말단까지 내려가는 과정에서 이 모든 것들은 개인마다 다 다르게 나타난다.

흔히 100명이 있으면 사랑의 모양도 100가지라고 하지 않던가. 사랑이라는 감정 안에서도 순간순간 가져가는 감정들은 모두 제각각이다. 막연히 "사랑하세요", "행복을 찾으세요"라고만 이야기하면 머리로는 이해돼도 가슴으로 와닿지는 않는다. 와닿지 않으니 행동으로 연결될 리도 없다. 우리가 찾아야 할 것은 것은 막연한 이름 밑에 숨겨진 바로 그 세세한 나만의 감정들이다.

프로그램 이름이 '마인드리셋'인 이유도 여기에 있다. 기존의 외부로부터 주어진 설정과 장치가 아닌 처음부터 나만의 것으로 다시 만들어 간다는 뜻이다. '내가 좋아하는 것, 내가 원하는 것을 명확히 하고 나에게 좋은 감정 매뉴얼 만들기'다. 이것저것 해 봤는데 와닿지 않았다는 건 내가 좋아하는 것이 명확하지 않았다는 뜻이다. 오랜 시간에 걸쳐 다양한 경험 가운데 자연스럽게 찾아가는 방법도 있다. 하지만 나를 찾아온 이들은 그렇게까지 하기도 전에 지치고 포기하려는 마음이 더 커진 경우다. 자신이 뭘 좋아하는지 모르니 시간이 있어도 우왕좌왕하다가 스마트폰만 뒤적이거나 휴식이라는 이름으로 누워서 시간을 보낸다. 당장 눈에 보이는 물건들을 사는 데 한 번에 돈을 써 버리고는 또다시 '이건 아닌데'를 반복한다. 마지막으로 포기해 버리기 전에 한 번 더 자신에게 기회를 주기 위해 나를 만나게 된 것이다.

그렇다면 내가 좋아하는 것, 나에게 좋은 감정은 어떻게 찾을 수 있을까?

첫째, 과거로부터 떠올리는 방법이다.

최소 20년 이상 살아온 자신에게는 이미 많은 경험과 기억이 있다. 이를 토대로 하나씩 찾아가는 것이다. 과거의 기억 중 나에게 긍정적인 영향을 끼친 기억들을 떠올린다. 떠올릴 때마다 기분 좋은, 오래도록 떠오르는 기억들을 중심으로 시작하면 더욱 쉽다. 그렇게 하나하나 찾아보고 육하원칙을 기준으로 쭉 나열하여 적어 본다. 억지로 다 채우지 않아도 된다. 최대한 다양하고 많이 떠올리는 것이 우선이다.

각각의 기억들을 되살렸을 때의 느낌을 추가한다. 육하원칙에는 나의 느낌이 들어가지 않는다. 단순 사실이 아닌 당시의 나의 느낌을 좀 더 구체적으로 정리해 보는 것이다. 그 기억이 막연히 좋은 느낌이었다고만 생각했다면 한 걸음 더 들어가서 그 느낌이 어떤 것인지 좀 더 생생하고 구체적으로 옮겨 본다. 꼭 사전에 나와 있는 감정 표현 단어가 아니어도 된다. 자신이 가장 가깝다고 생각되는 것이면 무엇이든 비유해도 좋다. 이 또한 최대한 다양한 표현을 사용하여 생생하게 떠오르도록 하는 것이 중요하다.

이제, 당시의 느낌들을 살펴보면서 자주 등장하는 표현이 무엇인지 들여다본다. 비슷하게 표현된 느낌을 가져다준 기억들도 한 번 더 묶어 본다. 내가 주로 어떤 느낌을 긍정적으로 여기고 간직하고 있는지 알 수 있다. 그런 느낌을 가져다준 기억들 간의 공통점을 찾아보자. 특정 활동에서 비롯된 것인지, 특정 시기, 특정인과의 관계인지 등등 그들 간의 공통점이 보일 것이다.

나에게 긍정적인 기억의 느낌을 구체적으로 정리하고 그 느낌들 간의 공통점을 분류하고 그러한 공통된 느낌을 가져다준 상황을 구분하는 동안 차츰 내가 어떤 때 어떤 감정을 느낄 때 좋았는지가 보이기 시작한다면 성공이다.

둘째, 현재로부터 발견하는 방법이다.

과거로부터 방대한 내용을 다루었다면 좀 더 단순하게 지금 하고 있는 일들을 통해 확인하는 과정이다. 지금 하고 있는 활동 중 앞서 정리한 리스트와 유사한 활동이 있는지 확인해 본다. 어떤 이유인지 잘 몰랐지만 나에게 좋은 감정을 위한 활동을 나름대로 지속적으로 하고 있었다는 의미라 하겠다. 리스트 중 느낌을 정리한 부분도 살펴본다. 이러한 느낌을 주는 활동이 지금 나에게 있는지 확인한다. 이 또한 어떤 식으로든 스스로 좋은 감정을 느끼게 하는 일들을 찾아서 하고 있었다는 반증이다.

이때, 앞서 내가 퍼스널 컬러 진단 결과에서 맛본 일종의 안도감과 즐거움을 느끼게 될 것이다. 내가 잘 모르겠다고 했던 일 중에도 나름의 방향을 잡아서 나에게 좋은 것들을 해 주고 있었다는 뿌듯함이다.

셋째, 미래로부터 찾아가는 방법이다.

혹시라도 앞선 과정 중에 전혀 겹치는 것이 없거나 대조할 만한 활동 자체가 없다고 해도 실망할 필요는 없다. 지금 리셋하고 다시 시작하면 된다. 이 방법을 나는 미래로부터 찾는 방법이라고 부른다. 미래의 나는 이미 나에게 좋은 감정을 찾고 충만하게 느끼며 살고 있을 게 분명하기 때문이다. 그 미래로부터 찾아가면 된다.

다시 한번 리스트를 확인하면서 과거에 나에게 가장 긍정적인 느낌을 주었던 활동들을 되살려 보자. 지금의 조건에서 할 수 있는 것을 전제로 한다. 과거에 한 달간 유럽 배낭여행을 다녀왔을 때의 느낌이 가장 긍정적인 감정으로 연결되어 있다고 해서 지금 다시 유럽 배낭여행을 떠나야 한다는 건 아니라는 뜻이다. 지금의 조건에서 할 수 있는 것, 즉 당시처럼 배낭 하나만 메고 국내의 어딘가로라도 홀로 떠나 보는 것으로도 충분하다. 시작은 그렇게 해도 된다. 참고할 만한 것이 전혀 없다면 지금부터 떠오르는 것들을 제약 없이 적고 난 뒤 한 번 더 확인하며 지금의 조건에서 시작할 수 있는 것부터 해 본다. 그리고 실제로 했을 때 느낌을 확인하는 것이다. 정말 예상한 대로인지 아니면 또 다른 무언가가 더 있는지, 기대와 달리 실망스러웠는지 말이다. 만약 실망스러웠다고 하면 리스트 중 그다음 활동으로 넘어가면 된다. 이렇게 하나하나 해 가다 보면 점차 나에게 가장 잘 맞는 것을 찾게 되고 나만의 취향, 나의 것이 명확해진다.

누구에게나 좋은 감정이란 없다. 설령 있다고 하더라도 언제 어디서나 누구에게나 똑같이 강요할 수도 없다. 내가 원할 때 꺼내어 쓸 수 있는 나만의 감정, 나에게 좋은 감정이 우선이다. 이를 알기 위해서는 과거로부터 미래에 이르기까지 나를 통해 들여다보는 것만으로도 충분하다. 외부에서, 다른 이들로부터 가져오려고 하면 막연하고 모호하다. 기준은 언제나 나에게 있다. 나를 생기 있고 활기차게 하는 나만의 감정은 분명 있다. 차근차근 되찾아 가는 과정만 밟으면 된다.

완벽하지 않아도 충분히 괜찮다

"완벽하지 않아도 충분히 괜찮아."

이 말을 들으면 어떤 기분이 드는가? 그동안 고생 많았다며 어깨를 토닥이거나 이미 충분히 괜찮은 사람이라며 감싸 안을 수도 있겠다. 예전의 나는 '괜찮다'는 말만 들어도 자꾸만 눈치 없이 눈물이 나서 곤란한 때가 많았다. 처음엔 그저 내가 감수성이 풍부해서, 감성적인 사람이라서 그러려니 했다. 눈치 없는 눈물샘을 탓하며 아무도 안 보는 사이에 훔쳐 내기 바빴다.

한 주간의 업무를 마치고 퇴근한 금요일 저녁, 약속도 없이 집 안에 혼자 앉아 책을 읽고 있는데 또 비슷한 문장을 만났던 것 같다. 그리고 갑자기 터져 버렸다. 찔끔 나온 눈물 정도가 아니라 입을 벌리고 "엉엉" 소리 내어 울어 버린 것이다. 당시엔 내가 왜 그런지도 모르고 알아차릴 새도 없이 터져 나오는 울음에 어쩔 줄을 몰랐다. 갈수록 더 크게 입이 벌어지고 울음소리가 그칠 줄을 몰랐다. 이렇게 큰 소리를 내어 울어 본 적이 있었나 싶을 정도였다.

내가 왜 그랬을까. 딱 부러지는 이유가 있었던 건 아니다. 그저 오랫동안 눌러 온 내 안의 무언가가 터져 나왔던 것 같다. 자꾸만 눌러가며 참아야 했다는 서러움일까. 아무리 발버둥 쳐도 알아주지 않아 애가 닳아서였을까.

여러 해가 지난 지금 그때의 나와 같은 모습을 마주 앉은 이에게서 본다. 감정코칭을 시작하는 이들이 내 앞에서 북받쳐 오르는 울음을 애써 삼키며 이야기를 이어 간다. 마주 앉은 내가 "괜찮습니다"라고 한다. 그렇게 딱 한마디만 했을 뿐인데 그들은 그때의 나처럼 엉엉 울어 버린다. 얼마 후 다시 나에게 말한다.

"요즘 자꾸만 이래요. 저 왜 이러는 거죠?"

이렇게 시작한다. 감정코칭을 시작하는 많은 이들이 이렇게 "괜찮다"는 말 한마디에 자신을 안아 주고 돌보기 시작하면서 내 안의 진짜 나를 향해 다가간다. 그동안 완벽해야 한다는 기준에 시달리며 자책하던 시간들을 안타까워한다. 여기서의 '완벽함'이란 자신이 만들어 낸 기준이다. 절대적인 완벽함이 아닌 본인 기준이다. 자신만의 기준으로 이러이러한 것들이 되어야만 나의 존재 가치가 있다고 믿는다.

여기에 엄청난 맹점이 있다. 만든 적 없는 자신만의 기준은 들여다보면 하나같이 어디서 주워 모은 것들뿐이다. 내 기준 대신 '남의 눈을 기준으로' 한 것들에 불과했다. 남의 눈에 보기 좋은 것을 무조건 피하고 하지 말라는 뜻은 아니다. 나에게 좋은 것은 남의 눈에도 보기 좋은 경우가 많다. 이것저것 의미 없이 주워 모은 기준들을 나에게 적용하면서 힘들어지는 것이 문제다. 나아가 그 기준을 나를 둘러싼 주변으로 점점 키워 가면서 관계를 좀먹게 된다.

흥미로운 사실은 감정코칭을 위해 찾아왔음에도 불구하고 감정코칭을 통해 기대하는 결과 또한 본인이 가지고 있던 그런 완벽한 모습이라는 것이다. 실제로 코칭 과정에 들어가면 우리가 하고 있는 감정코칭의 목적이 그러한 완벽함이 아니라는 사실을 깨닫게 되고 그것들이 얼마나 무의미한 조건들에 불과했는지 발견하고 즐거워한다.

우리의 방향은 '완전함'이다. 완벽함과 완전함은 다르다. 사전적 의미로만 봐도 완벽함은 '흠이 없는' 것에 가깝다. 있는 것보다 없는 것에 초점을 두는 것이다. 상대적으로 완전함은 '필요한 것이 모두 갖추어져 있다'고 하며 있는 것에 집중하는 의미다. 그래서 완벽함을 추구할 때 단 한 가지 결점이나 실수만 발견해도 완벽함은 무너진다. 그에 반해 완전함은 내 안에 있는 것을 기준으로 한다. 필요한 것은 이미 다 있다는 것이다. 내가 그것을 알고 깨달아 꺼낼 수 있는가만 남는다. 완벽함은 내 안에 없는 것, 부족한 것, 실수할 것을 생각하며 불안과 초조함으로 자신을 가둔다. 완전함은 내 안에 있는 것, 충분한 것, 해낼 것을 기대하며 하루하루를 열어 간다.

감정코칭의 의미도 바로 이러한 완전함을 회복하는 일일 뿐이다. 우리는 애초에 완전하게 태어났기 때문이다. 완벽하게 태어나지 않았다는 것은 거울만 봐도 알 수 있다. 하지만 이미 완전하게 태어났다. 거울을 보며 완벽함의 함정에 빠져드는 순간 완전함을 잊어버리는 것뿐이다. 그래서 감정코칭은 내 안에 이미 있는 것을 꺼내 사용하도록 돕는 훈련이다. 내 안에 없는 것을 새로 만들라고, 이것저것 더 해야 한다고 강요하거나 가르치는 것이 아니다.

금요일 밤에 혼자 울던 나로 다시 돌아가 보자. 당시의 나는 이런 완전함을 전혀 모르고 있었다. 솔직히 말하자면 완벽하지 않아도 충분히 괜찮음을 받아들이는 데 일종의 패배감을 느끼고 있었다. 내가 완벽하지 않다는 사실을 받아들여야만 한다는 것 때문이었다. 받아들이고 싶지 않았다. 내 눈엔 많은 이들이 완벽해 보이는데, 나도 그들처럼 보이고 싶었다. 그렇게 '살고 싶다'가 아닌 '보이고 싶다'가 맞는 표현이다. 그들이 어떻게 사는지에는 그다지 관심이 없었다. 그렇게 사는 것처럼 보이는 데 온 관심이 가 있었다. 그걸 받아들이는 것이 힘들었다. 내가 남들처럼 보이는 것에 집중했다는 사실을 인정하는 것 때문이었다.

감정코칭은 그것들을 차근차근 받아들일 수 있도록 도와준다. 무엇보다 그렇게 받아들여도 괜찮다는 사실을 알게 해 준다. 나아가 괜찮은 것을 넘어 편안하고 자유로운 삶으로 나아가도록 동행한다. 마지막으로 얼마든지 그렇게 살아도 되는 본인의 완전함을 마음껏 누리도록 응원하며 끝맺음을 한다.

지금 당신은 어떤가? '완벽하지 않아도 괜찮아'라는 문장에 누가 볼세라 빠르게 눈물을 훔쳤는가? 다음으로 넘어가지 못하고 엉엉 울고 있느라 뒤늦게 이 글을 다시 읽고 있지는 않은지. 혹은 아무것도 느끼지 못한 채 답답함만 느끼고 있지는 않은가.

그렇다면 정말 괜찮다. 그래도 된다. 그래도 충분히 괜찮다. 중요한 건 그다음이다. 그냥 괜찮다는 한마디만 안고 또다시 똑같은 하루를 이어 갈 것인가. 아니면 이 눈물과 울음과 답답함을 새로운 기회로 삼을 것인가. 나에게 선물할 그 기회가 눈앞에 있다. 완벽함의 실체를 꿰뚫어 볼 시간, 타고난 완전함을 되찾을 기회다. 진정으로 감정을 들여다보는 일은 그저 순간적인 토닥거림으로 그치지 않는다. 그래서는 안 된다. '괜찮아질 것'이라는 막연한 위로로는 위로가 안 된다. 그럼 우리가 할 수 있는, 꼭 해야 할 한 가지는 아주 작은 단 한 번의 기회를 스스로에게 선물하는 것이다. 지금 당장 종이 한 장을 꺼내어 그 기회를 열고 나와의 대화를 시작해 보자. 감정코칭은 거창한 것이 아니다. 단지 그런 용기를 낼 수 있도록, 기회를 주는 일을 돕는 것으로 시작하면 된다.

완벽함의 함정에 빠져 괜찮지 않은 일상 속에 지쳐 있었다면, 자신에게 '괜찮음'을 선물할 시간이다. 완벽하지 않아도 괜찮다고 말이다. 억지로 괜찮은 척을 하는 것이 아니다. 우리는 애초부터 완벽함과는 거리가 멀다. 완벽함이 우리의 진정한 가치가 아니기 때문이다. 키를 재는데 저울을 들이미는 것과 마찬가지다. 감히 가져다 델 것이 아니었다. 당신은 완벽하지 않아도 괜찮다. 이미 완전하기 때문에. 완벽하지 않다는 헛된 좌절에 실망한 시간을 완전한 축복으로 바꿀 시간이다. 이미 완전한 나부터 축하하고 감사하고 기뻐하면 된다.

진짜 나를 만나는 10가지 질문

나를 들여다보는 가장 쉬운 방법은 글을 써 보는 것이다. 누군가 나에게 물어보면 그 자리에서 떠오르는 대로 대답하는 것과 같다. 내 자신에게 질문을 하고 대답을 적어 보면서 나는 인터뷰의 '대상'이 된다. 대상화, 즉 객관적으로 나를 들여다볼 준비를 하는 셈이다. 그냥 머릿속으로 떠올리거나 말로만 해도 되지 않느냐고 물을 수도 있다. 하지만 전혀 다르다. 반드시 글로 써야 대상화가 된다.

며칠 전 일대일 컨설팅으로 만난 W씨는 "나의 감정을 객관적으로 보라"는 말을 많이 듣는데 어떻게 해야 할지 전혀 모르겠다고 했다. 어떤 감정이 들 때, '아, 지금 내가 이런 감정이구나'라고 하라는

데, 말로는 이해가 되지만 적용이 전혀 안 된다는 것이다. 유체이탈이라도 해야 할 것 같고, 그렇다면 아무나 할 수 있는 게 아니라고 단정 짓는다.

내가 제일 먼저 권한 것은 바로 그러한 감정을 어떤 식으로든 써 보라는 것이었다. 머릿속으로는 되지 않는다. 내가 수많은 생각이 오가는 머릿속을 빠져나와 들여다본다는 자체가 쉽지 않기 때문이다. 그렇게 시간을 보내는 사이 지친 마음은 더 빠져나오기 힘들게 만든다.

글로 적는다는 건 물리적으로 행동을 분리하면서 그 자체로 거리감을 만들어 준다. 내 안에서 감정이 떠오르는 것을 머리가 아닌 손으로 옮겨 적는 것이다. 떠오르는 대로 적기만 하면 된다. 적는다는 사실에 부담을 갖는 경우가 많은데 그건 '글로 쓴다'고 하면 꼭 무언가를 정리해서 보기 좋게 만들어야 한다는 고정관념 때문인 경우가 대부분이다. 말로 내뱉을 때 아무 생각 없이 해낼 수 있는 것처럼 생각을 내뱉듯이 써도 된다. 그런 식으로 물리적인 분리와 거리감을 주는 것이 나를 객관화하는 시작이다.

'본다'라는 부분도 적는 것을 통해 해결할 수 있다. 어떻게든 적고 나서 적어 둔 것을 다시 읽어 보는 활동을 통해 마치 다른 사람이 쓴 책을 읽듯 내 감정을 볼 수 있다. 독자의 입장이야말로 제3자가 되는 아주 좋은 방법이다. 그래서 되든 안 되든 나의 말로 적어

놓은 글을 다시 읽는 것은 나의 감정을 객관적으로 보는 쉬운 방법
이 된다.

감정코칭연구소에서 빼먹지 않고 하는 일 중 하나가 앞에서도 이
야기한 '나와의 데이트'다. 일주일에 한 번 정도 혼자만의 시간을 내
어 카페, 공원 등 집이나 직장을 벗어난 제3의 공간에서 나를 들여
다보는 일이다. 이때도 가장 쉽고 효과적인 방법은 나에 대한 질문
을 통해 나를 들여다보는 것이다. 나는 마치 나를 인터뷰하듯 해 보
라고 하는데, 가장 쉽게 활용할 수 있는 10가지 질문을 통해 좀 더
구체적인 방법을 제안하고자 한다.

첫 번째 질문: 지금 나의 기분은 어떤가요?

나에게 처음 던지는 질문이라면 이 정도가 적절하다. 처음부터
"인생이란 무엇인가?", "행복이란 무엇인가?" 같은 무겁고 어려운
질문을 던질 필요는 없다. 이러한 질문들은 애초에 한 번에 답할 수
없는 질문이다. 첫 질문의 무거움에 놀라 받은 질문 공을 놓치고 도
망갈 확률만 높아진다.

좀 더 실질적인 이유는 이러한 질문이 오늘의 시작점을 마련해
주기 때문이다. 가벼운 인사처럼 지금의 기분을 이야기하면서 적는
다. 이를 오늘 나와의 데이트를 마친 후의 소감과 대조해 보면 하루
동안 감정의 흐름이 보인다. 앞으로 이런저런 이야기를 풀어 가는

가장 기본적인 몸풀기, 워밍업과도 같다. 계속해서 질문하고 답할 때 초점이 되는 것은 나의 기분이고 느낌이기 때문이다. 우리는 그러한 나의 기분과 느낌에 하나하나 집중하기 위한 준비 과정으로 첫 질문을 던져 보는 것이다.

두 번째 질문: 당신의 하루 일과는 어떤가요? (주중/주말 구분하여 적기)

말 그대로 나의 하루 일과를 적어 보는 것이다. 하루를 어떻게 보내고 있는지 아침에 일어나서 잠들기 전까지를 떠올리며 옮겨 적으면 된다. 가장 일반적인 하루를 기준으로 하면 되고, 더하거나 뺄 필요도 없다. 바로 어제 하루를 기준으로 해도 된다. 질문만으로 보면 뭐 이런 것도 질문이 되는가 싶지만 의외로 이 작업만으로도 자신의 일상을 다시 보게 되었다고 한다. 이조차도 해 볼 기회나 여유나 시간이 전혀 없었다는 뜻이다. 감정코칭연구소 일대일 컨설팅을 위한 사전 질문에도 반드시 포함되는 내용이다.

세 번째 질문: 하루 중 자신만을 위해 쓸 수 있는 시간은 어느 정도나 되나요? 그 시간에 주로 무엇을 하고 있나요?

지금 나와의 데이트를 하고 있는 것처럼 하루 중 혼자 생각하며 하고 싶은 일을 할 수 있는 시간이 얼마나 되는가를 묻는 질문이다. 이제까지 그 시간에 무엇을 하고 있었는지 떠올려 보면 된다. 마찬가지로 가장 일반적인 날을 기준으로 한다.

네 번째 질문: 하루 중 자신만을 위한 시간에는 얼마나 만족하나요?

세 번째 질문에서 응답한 내용에 대해 얼마나 만족하고 있는지
다. 질문해 보면 많은 경우 만족스럽지 못하다고 한다. 그리고 두 번
째 세 번째 질문을 통해 어느 정도의 이유가 함께 파악이 되기 시작
한다. 자신이 시간을 주로 어떤 식으로 사용하고 있는지 전반적인
흐름을 돌아볼 수 있다. 머릿속으로 그렸던 것과 실제는 상당히 다
름을 알게 될 것이다.

다섯 번째 질문: 내가 원하는 내 모습은 어떠한가요?

아무런 힌트나 단서 없이 지금 내가 원하는 모습을 그려 보는 것
이다. 질문으로는 별것 아닌 것 같은데 의외로 많은 이들이 잘 그려
지지 않는다고 한다. 아니면 어디서 들은 듯한 기준들로 '~해야 하
고, ~여야 하고'와 같은 모습을 그려 내기도 한다. 지금은 평가하거
나 판단하는 시간이 아니다. 바로 쉽게 그려지는지, 그려진다면 어
떤 모습인지만 대략적으로라도 표현할 수 있으면 족하다. 잘 그려
지지 않는다면 그 내용도 적어 두고, 잠시 동안 왜 그런지 한 번 더
생각해서 적어 보면 좋다.

여섯 번째 질문: 내가 좋아하는 것은 무엇인가요? 나만의 리스트를 적어 봅시다.

다섯 번째 질문에서 내 모습이 잘 그려지지 않았다고 해도 이번 질문을 통해 보완할 수 있다. 내가 무엇을 좋아하는지 아주 소소한 것부터 큰 것까지 하나씩 떠오르는 대로 모두 적는다. 순서의 의미는 없다. 다 꺼내어 적어 보는 것이 우선이다.

일곱 번째 질문: 내가 싫어하는 것은 무엇인가요? 나만의 리스트를 적어 봅시다.

내가 싫어하는 것도 명확하게 적어 보자. 좋아하는 것과 마찬가지로 제약 없이 적는다. 의외로 싫어하는 것을 통해서 좋아하는 것이 명확해진다. 싫어하는 것의 리스트는 내가 좋아하는 것을 명확하게 하기 위함이다.

여덟 번째 질문: 오래도록 기억에 남는 일은 무엇인가?

지금도 반복해서 떠오르는 기억들이다. 한 번으로 끝나지 않으므로 우선은 기억 나는 대로 쭈욱 적어 내려간다. 떠오를 때마다 기분 좋은 기억들, 예기치 않게 자꾸만 떠오르는 기분 나쁜 기억들을 모두 포함한다.

아홉 번째 질문: 내가 잘하는 것은 무엇인가요?

핵심은 다른 이들과 비교하여 잘하는 것이 아니라 내 안에 있는 것 중 상대적으로 더 잘한다고 여기는 것들이면 된다. 다른 사람과 비교해선 적을 게 없다. 들여다보는 방향을 바꾸는 것이 핵심이다.

열 번째 질문: 충분한 돈과 시간과 신체의 자유가 있을 때 내가 하고 싶은 일은?

말 그대로 어떠한 제약도 없을 때 내가 하고 싶은 것이다. 내가 진짜 하고 싶은 게 무언인지 알고 싶다면 이 질문을 하면 된다. 그리고 그것이 이루어졌을 때의 기분을 생생하게 상상하고 느낀다. 쉽게 말해 그 기분이 나에게 가장 좋은 감정이다.

10개의 질문은 나와의 데이트를 처음 시작할 때 활용할 수 있는 가장 기본적인 질문들이다. 처음 나와의 데이트를 시작할 때 가볍게 처음부터 끝까지 모두 대답해 보기를 바란다. 처음부터 끝까지 한 번에 보는 것이 중요하다. 하나하나 구체적으로 적지 못해도 괜찮냐고? 괜찮다. 한 가지 질문에 너무 완벽하게 해 보겠다며 다음으로 넘어가지 못하는 것이 더 아쉬운 일이다. 오늘 할 수 있는 만큼이라도 전체를 한번 다 해 보는 것이 훨씬 더 큰 성취감을 주기 때문이다.

나와의 데이트는 한 번으로 끝나지 않는다. 다음 주에는 다시 1번부터 하나씩 좀 더 구체적으로 들여다본다. 처음과 분명 다른 부분이 보인다. 그 가운데 떠오르는 질문들을 추가해도 된다. 거기서부터 진정으로 '나에게 묻는 질문'이다. 내가 나에게 질문하고 대답하면서 진짜 나와의 대화를 시작해 보자. 아주 작은 질문 하나가 삶을 바꾼다.

음 좋아,
내가 점점
완벽해지고 있어!

여기도 있네?
정신 나간 XX가.

PART 5

감정코칭, 지금 시작해도 늘지 않다

EMOTIONAL COACHING

감정코칭, 지금 시작해도 늦지 않다

오늘도 저마다의 사연을 안고 감정코칭연구소의 문을 두드리는 이들이 있다. 처음엔 30대 여성 직장인과 워킹맘이 대부분이었다. 다시 말해 예전의 나와 똑같다고 말할 만한 이들이다. 비슷한 회사 경험이 있고 과중한 업무에 집중하면서 몸과 마음에 상처 입은 이들이다. 거기에 결혼과 출산으로 가정과 직장 생활을 병행하면서 오는 피로감과 스트레스에 날마다 휘청거리는 이들이다.

한 명 한 명 만날 때마다 예전의 내 모습을 보는 것 같아 안타깝기도 하고 신기하기도 했다. 안타깝다는 건 그 마음이 너무나도 공감되기 때문이다. 신기하다는 건 어쩜 이렇게 내가 딱 만났으면 했던 이들을 만나는가 해서다. '예전의 나와 같은 이들을 돕고 싶다'는 나의 사명이 글자 그대로 맞아떨어져 놀라웠다. 앞으로도 이런 이들을 주로 만나게 될 것이라 여기자 편안하기도 하면서 한편으로는 '좀 더 다양한 이들을 만나고 싶은데.' 하는 아쉬움도 있었다.

아니나 다를까, 얼마 지나지 않아 갈수록 다양한 이들을 만나게 되었다. 남성 비율이 늘어났고, 직장인, 학생과 취업준비생, 전업주부, 공무원, 간호사, 교사를 포함한 다양한 직종에서 일하는 이들을 만났다. 미혼/기혼, 싱글부모, 그리고 20대부터 50대에 이르기까지 갈수록 다양성의 폭이 넓어졌다.

가장 나이가 어렸던 20대 초반의 사회 초년생 K씨는 휴학 없이 빠르게 대학을 졸업하고 바로 직장에 입사한 경우다. 이제 23세인 그녀가 자기계발을 위해 감정코칭을 받으러 온 것이다. 처음 만났을 때부터 두 눈을 반짝거리며 본인의 타고난 장점을 찾고 앞으로의 직장 생활을 어떻게 해 나갈지 하나하나 이야기하고 메모를 하는 모습이 너무나도 예뻤다. 무엇보다 이것저것 사고 싶은 것도 많고 돌아다니기 좋아할 20대 초반에 자신의 진정한 자기계발에 투자하는 모습이 대견하고 자랑스러웠다.

일대일 코칭을 통해 하나하나 차근차근 해내면서 앞으로 얼마나 크게 성장할지가 보이기에 그녀의 1년, 3년, 5년 후가 부러울 정도였다. 감정코칭은 가능하면 빨리 시작하는 것이 좋다. 본인이 원치 않는 부정적인 감정 상황들에 휘말리면서 상처받을 대로 상처받고 나서 경험하는 것보다 더 많은 기회를 빠르게 가질 수 있다는 뜻이다.

여기까지 읽은 후, 자신의 나이를 떠올리며 '나는 너무 늦었나'라고 생각하고 있다면 한 명을 더 소개하고자 한다. 다음은 40대 후반의 학원장 L씨다. L씨는 경기도에서 학원 두 곳을 성공적으로 운영하고 있다. 그 지역에서는 나름 유명한 학원으로 자리 잡은 지 오래다. 본인의 아이도 이제 고등학생이 되어 하루 중 떨어져 있는 시간이 대부분이다.

일대일 컨설팅을 신청한 그녀의 사전질문지를 열고 첫 줄을 읽었을 때는 다음에 어떤 내용이 나올지 상상하기가 쉽지 않았다. 본인의 삶도 안정적이고, 아이도 성장하여 힘든 일도 거의 없는 상황에서 나에게 연락한 이유가 무엇일까?

40대 후반인 그녀는 어느 것에나 무덤덤해진 자신이 점점 답답하게 느껴졌다. 이제 똑같은 날들의 반복이고 새로운 자극은 없는 것 같았다. 평생 이런저런 일들을 겪으며 살아왔지만 여전히 자신이 어떤 사람인지 모르겠다. 내가 나를 모른다는 사실 때문에 갈수록 자신을 대하기 싫어진다고 했다. 학원의 학부모들에게 보이는 모습에는 익숙하고 자신 있었지만 그게 진짜 나인지에 대해서는 의문이라고 했다. 그런 의문이 한번 들고 나자 자신도 모르게 당혹스러웠다. 이제는 학원 사업만이 아닌 나만의 인생을 찾고 싶은데, 무엇을 어떻게 시작해야 할지 모르겠다고 말이다. "이렇게 나이 많은 사람들도 코칭하시나요?"라고 어색하게 웃으며 물어보기도 했다.

어떻게 되었을까? 오프라인에서 비공개로 진행된 일대일 코칭 과정에서 그녀는 새로운 인생을 얻은 것 같다고 했다. 50년 가까이 살았다고 해서 내 감정까지 저절로 성숙하는 것은 아니다. 드디어 처음으로 타고난 자신의 모습을 알게 되었고, 그것이 진정한 자신의 모습임을 받아들이게 되었다. 본인의 타고난 건강한 모습에 확신을 갖자 성장 방향 또한 명확하게 보였다. 워낙 직업적으로 새로운 일을 추진하는 능력이 뛰어났기에 본인의 성장 방향을 알고 나자 의심 없이 쭉쭉 성장해 나갔다.

나에게 좋은 감정을 찾았다. 자신을 믿고 진정으로 원하는 것들을 선택하고 실행하며 성취하기 시작한 것이다. 사업 외에는 자신 없다고 하던 그녀가 자신을 들여다보며 쓴 과제글을 보내며 '새로운 인생을 얻었다'고 한다. 이렇게 즐거운 일들이 있었는지 몰랐다고, 알았어도 혼자서는 시작하지 못했을 것이라고 말이다. 글을 쓰는 일 자체가 어려운 건 아니다. 다만 본인이 왜 해야 하는지 모른 채로 시작하기는 힘들고 시작했다고 해도 계속해서 이어 갈 수가 없었다는 뜻이다.

20대 K씨와 40대 L씨 중 감정코칭을 시작하기에 늦은 사람은 누구일까? 둘 중 누구도 늦은 사람은 없다. 중요한 것은 나이가 아니다. 내 나이가 몇 살이든, 지금 어떤 상황에 있든 감정코칭을 알게 되고 하고 싶다는 그 시점에 바로 시작했느냐의 문제일 뿐이다. 지금 감정코칭을 하고 싶다고 하고서도 또다시 다음으로 미룬다면 그때부터가 늦어지는 것이다. 절대적으로 빠르고 늦은 시기는 없다. 나에게 빠르고 늦은 시기는 있다. 지금 할 수 있는데 단 한 번의 기회를 잡지 못해서 계속해서 삶을 방치하고 더 큰 상처를 받는다면 명백하게 늦어지고 있는 셈이다.

감정코칭은 언제든지 시작할 수 있다. 지금부터 바로 시작해도 된다. 할까 말까 망설이는 시간에 일단 해 보고 앞으로의 방향을 결정해도 된다. 시작은 가장 쉽게 작게 해도 된다. 감정코칭을 받은 이들이 가장 많이 하는 이야기도 "이렇게 바로 하면 되는 걸 예전에는 왜 그렇게 힘들어했을까?"다. 그렇다. 혼자 시작하기가 힘들기 때문에 코칭이 필요하다.

혼자서 필요한 것을 그때그때 척척 해낼 수 있다면 이미 충분하다. 도움이 필요한 건 혼자서는 시작이 어려운 이들이다. 단지 의지로만 이야기할 문제도 아니다. 그동안의 부정적인 경험들, 알 수 없는 불안감과 두려움이 자꾸만 나아가는 것을 막고 있다. 도움을 받아 한 걸음만 내딛고 나면 그간 느꼈던 불안과 두려움의 실체가 없었음을 알게 된다. 앞이 좀 더 뚜렷하게 보이면 한 걸음씩 내딛기가 더욱 쉬워진다. 그렇게 계속해서 앞으로 나아갈수록 내딛는 걸음에 힘이 실린다.

 감정코칭은 처음부터 무작정 많은 시간과 노력을 들여야 한다고 이야기하지 않는다. 부담은 첫걸음을 더욱 무겁게 하기 때문이다. 코치와 차 한잔 마시면서 단 한 시간만 이야기해 보는 정도면 충분하다. 별다른 형식이 필요한 것도 아니다. 그냥 이야기하는 것이다. 중요한 건 이렇게 단 한 시간만 내서 나가 보겠다는 한 번의 결정이다. 그 한 번의 선택을 한 이들이 몇 달 후 "이렇게 쉽고 재미있는 걸 왜 그렇게 힘들어했는지?" 의아할 정도가 된다.

 '늦었다고 할 때는 진짜 늦었다'고 하기도 한다. 나는 거기에 대고 '늦었다고 할 때가 가장 빠르다'는 반박을 하려는 것이 아니다. 감정코칭이 필요하다고 여긴 순간에 늦은 때라는 것은 존재하지 않기 때문이다. 존재하지 않는 때를 늦다 빠르다 논할 필요는 없다. 다만 그 순간에 자신을 위한 아주 작은 단 하나의 결정을 내릴 수 있는가에 달려 있다. 언제든 누구든 늦은 때는 없다. 감정코칭을 결정한 그때가 나에게 가장 중요한 순간이다. 훗날 내가 두고두고 자랑스러워할 아주 특별한 선택이다.

지금 감정코칭을 시작해야 하는 이유

뭐든지 처음이 가장 어렵다는 이들이 많다. 뭘 해야 할지 감은 오는데 그 처음을 어떻게 해야 할지 모르겠다고 말이다. 좀 전에 만난 H씨도 그랬다. 하루에도 몇 번씩 할까 말까 망설이고, 한다고 하면 무엇부터 어떻게 시작할지 몰라서 고민만 하고 생각만 한 가득이다. 머리가 아파 거기까지만 생각하다 포기하기 일쑤였다. 내 강연에 참석했던 Y씨도 그랬다. 감정코칭이라고 하면 왠지 내 속마음을 꿰뚫어 보고 아픈 부분만 건드릴 것 같아서 두렵다고 한다. 대책 없이 펑펑 울게 될까 봐 주저하게 된다고 말이다.

감정코칭에 대해 이야기할 때 대부분의 사람들은 '심리상담' 또는 '심리치료' 같은 것을 먼저 떠올린다. 그렇다면 왜 심리상담이나 치유라고 하지 않고 코칭이라고 하는 것일까? 그냥 달라 보이고 싶어서? 결론부터 말하자면 다르니까 다르게 부르는 것이다.

감정코칭에서 초점을 두어야 할 부분은 '코칭'이다. 내용은 감정을 다루는 것이 맞지만 감정을 다루는 방법이 상담이나 치료와는 다르다는 뜻이다. 나름의 정의를 덧붙이자면 치료는 말 그대로 질병이나 사고로 인해 원래의 기능을 하지 못할 때 필요한 영역이다. 쉽게 말해 다리가 부러졌다면 치료를 받아야 한다. 일단 뼈를 붙게하여 다리의 기능을 할 수 있도록 하는 조치다. 상담은 글자 그대로 서로 이야기를 하는 것이다. 최대한 많이, 깊이 있는 이야기를 꺼내고 들어 주는 과정이다.

코칭은 어떤 차이가 있을까? 부러진 다리가 치료를 통해 다시 붙었다고 치자. 그렇다고 해서 예전처럼 바로 걷고 뛰고 할 수 있는 것은 아니다. 한동안 쓰지 않던 사이 힘이 약해지고 불편해지지 않았겠는가. 코칭은 이때부터 시작이다. 다리에 조금씩 힘이 붙도록 지금의 상태에 맞게 하나하나 같이 훈련해 나간다. 본인이 만족스러운 상태로 활동할 수 있도록 하는 것이 목표다. 일상생활을 무리 없이 할 수 있는 것이 목표일 수도 있고, 계속해서 훈련하여 프로 선수처럼 활동하는 것이 목표일 수도 있다. 이러한 목표를 향해 함께 뛰어

주며 움직이도록 돕는 것이 코치의 역할이다.

그럼 어떤 때 감정코칭을 시작하는 것이 좋을까? 좀 더 구체적인 감정코칭의 영역을 살펴보면서 생각해 보자.

첫째, 과거의 기억을 정리하고 현재의 삶에 추진력을 얻고 싶을 때다.

자꾸만 떠오르는 과거의 기억 때문에 현재의 삶에 집중하기 어려울 때가 감정코칭을 시작할 때다. 과거는 아주 힘이 세다. 지금 그럭저럭 살아가는가 싶다가도 느닷없이 과거의 기억이 나의 발목을 잡는다. 그 힘을 이기고 앞으로 나아가기 위해서는 앞으로 나아가는 힘에 과거가 잡아당기는 힘까지 극복해야 한다. 과거의 힘이 100이라면 1만큼 나아가기 위해 101만큼의 힘이 필요하다는 의미다. 무턱대고 과거를 부정해 봐야 별다른 도움이 안 된다. 우리가 할 수 있는 일은 과거의 힘을 약하게 만드는 것이다. 나를 힘들게 하는 기억을 더 이상 힘들지 않은, 영향력이 없는 단순한 기억으로 만드는 방법이다. 과거의 힘을 약하게 만들고 현재에 힘을 더 실어 주는 영역이다.

둘째, 현재의 삶을 정리하여 내가 원하는 우선순위에 집중하고 싶을 때다.

자기계발에 열심인 이들이 많다. 특히 '샐러던트'라는 이름으로 그 바쁜 와중에도 시간을 쪼개어 이것저것 배우는 직장인들이 많다. 문제는 배우는 그 자체는 좋으나 배운 것을 활용하지 못하고 그저 배우고 있다는 자체, 자기계발을 위한 자기계발로 그치는 경우가 많다는 것이다. 이마저도 피로감이 더해지면 중단해 버리고 그동안 애써 배운 것들마저도 사장시킨다. 이런 이들에게 감정코칭은 불필요한 것들을 덜어 내고 나에게 가장 중요한 것에만 집중할 수 있도록 걸러 주는 역할을 한다. 좋은 게 좋은 게 아니라 '나에게 좋은' 것만을 남기는 일이다. 단순해지면 집중할 수 있다. 집중하면 더 빠르고 크게 이룬다. 작은 것 하나라도 이루기 시작하면 더 큰 꿈을 향해 나아갈 수 있다.

셋째, 미래에 하고 싶은 일이 없고 무엇을 할 수 있을지도 막막할 때다.

과거에 비해 할 수 있는 일이 엄청나게 늘어난 시대지만 여전히 많은 이들이 무엇을 해야 할지 몰라 방황한다. 특히 나를 찾아온 이들 중 20, 30대의 청년들이 자신의 길을 몰라 방황한다. 갈수록 힘들어지는 사회 현실을 볼 때 단지 개인의 문제로만 볼 것은 아니다. 하지만 적어도 내가 원하는 것만은 분명히 해야 한다. 그들이 특정 기업을 다니거나 특수 직종에 근무해서가 아니다. 내가 정한 기준에 가장 잘 맞는 일을 찾아가는 과정이다. 필요한 건 오직 내가 정하는 나만의 기준이다. 이러한 기준이 없을 때 막연하고 허무하다.

우리는 오랜 기간 동안 여러 가지 교육을 받았음에도 불구하고 아직까지 내 감정을 다스리는 법을 배운 적이 없다. 어떻게 목표를 세우고 내가 가진 것에 집중하여 목표를 이룰 수 있는지를 가르쳐 준 이들도 없다. 특정 직업이나 연봉, 이른바 사회적 인식, 다시 말하면 남의 눈을 의식한 직업만을 내세우기 바쁘다. 그런 직업을 가지는 것 말고는 방법이 없는 것처럼 강요한다. 내가 하고 싶은 것을 찾는다는 것은 진정으로 나를 들여다보는 일이다. 진짜 내가 원하는 것을 발견하는 방법이다. 그래서 감정코칭은 진짜 나를 들여다보며 내가 진정으로 원하는 일을 할 수 있는 방향을 잡아 주는 역할을 하게 된다.

감정코칭은 이처럼 다양한 인생의 순간에 필요하다. 건강한 몸을 위해 운동이나 다이어트를 시작할 때가 따로 있지 않다. 마찬가지로 내가 마음먹은 그 순간이 감정코칭을 시작할 순간이다. 지금 시작하면 지금부터 변할 수 있고 지금부터 행복할 수 있는데 일부러 미뤄 둘 필요는 없다. 지금 시작하고 지금부터 행복하면 된다.

감정코칭을 통해 과거는 과거로 잘 정리되어 남게 되고, 현재는 단순하게 즐기며, 미래는 내가 원하는 것으로 이루어진다. 내가 가장 편안하게 내 삶을 누리는 것이다. 자기계발의 진정한 목표도 그렇지 않은가. 감정코칭이 진정한 자기계발이 되는 이유다.

진정한 자기계발은 내가 어떤 사람인지를 아는 것에서 시작한다. 내가 나를 모른 채 이것저것 좋다는 것을 해 주어 봐야 아무것도 남지 않는다. 그냥 잠시 스치고 지나가는 한때의 바람에 불과하다. 내 것이 되지 못한다. 하나 마나 한 일을 1년 내내 반복하며 나를 낭비하고 인생을 허비하고 있는 셈이다. 나를 혹사하여 배움을 위한 배움을 계속하는 것은 계발이 아닌 형벌이다. 진정한 자기계발은 하나를 배우면 나를 통해 몇 배로 증폭되어 활용된다. 그러한 증폭기가 되는 비결은 단순하다. 불필요한 생각과 감정을 덜어 내고 나에게 가장 좋은 것들만 실행하며 나아가는 것이다. 이것이 지금 우리에게 감정코칭이 필요한 이유다.

마음의 근육을 키워라

요가를 통해 몸을 쓰는 것에 재미를 붙였다. 시간을 두고 보니 근육은 쉽게 늘어나지 않는 반면 사라지는 것은 순간이다. 다이어트의 주적인 지방과는 정반대다. 책 집필과 외부 활동들로 규칙적인 시간을 내지 못해 얼마간 미루었더니 그 사이를 못 참고 근육량이 줄어 버렸다. 하루도 빠짐없이 1년 가까이 걸려 만들었는데 말이다. 야속하지만 어쩌겠는가. 그렇다는 사실을 받아들이는 것이 우선이다. 다시 꾸준히 근력 운동을 해 나가는 수밖에 없다. 다행히도 한번 근육을 단련하고 늘려 본 경험이 있기에 하면 된다는 확신이 있다. 처음 시작할 때처럼 막막하거나 포기하고 싶은 생각은 전혀 없다.

하면 되는데, 하면 되지 않겠는가.

마음에도 이런 근육이 있다. 직접 보았냐고 하면 그렇지는 않다. 몸의 근육도 마찬가지다. 내 몸에 근육이 있다는 것을 알지만 직접 눈으로 내 몸의 근육을 본 것은 아니다. 살갗이 찢어져서 어쩔 수 없이 드러난 경우가 아니라면 말이다. 우리가 아는 것은 피부 아래 근육이 있다는 것이고 그 사실에 의지하여 손가락을 움직이면서 이 글도 써 내려가는 것이다. 마음의 근육도 파헤쳐서 볼 수 있는 것은 아니다. 우리가 하루에도 몇 번씩 '딴마음'을 먹는 것을 보면 마음을 쓰면서 움직이고 있는 것은 분명하다.

마음의 근육도 미루고 안 쓰면 약해지고 힘이 들어가지 않을 수도 있다. 한쪽 어깨로만 짐을 들거나 잘못된 방법으로 운동을 하면 몸의 한쪽만 무리가 오고 힘들어진다. 한순간에 다치거나 기능을 상실할 수도 있다. 마음도 한쪽 방향으로만 쓰거나 제대로 쓰지 못하면 무리가 생기고 힘이 든다. 나도 모르는 사이에 한동안 기능을 하지 못할 수도 있다.

나는 몸을 쓰는 것과 마음을 쓰는 것은 같다고 여긴다. 내가 코치이고 코칭을 할 수 있는 이유이기도 하다. 요가를 하며 몸을 쓰는 법을 하나하나 배워 가듯 마음을 쓰는 방법도 이와 같이 차근차근 알아 갈 수 있기 때문이다. 그리고 그 과정에서 방향을 확인해 주고 계속해서 해 나갈 수 있도록 용기를 불어넣고 도움을 주는 것이 코칭이고 그 사람이 바로 코치다.

　몸의 근육이 궁금해서 그림으로 된 설명을 찾아본 일이 있다. 각 부위마다 명칭이 있고 어떤 역할을 하는지 구분되어 있었다. 운동을 도와주는 동영상 중에는 코치가 근육 그림이 그려진 옷을 덧입고 운동하는 모습도 있다. 내 몸이 움직일 때 어떤 근육이 어떻게 쓰이는지 생생하게 보여 주기 위해서다.

　내가 직접 운동을 할 때 내 근육을 볼 수는 없다. 코치의 말에 따라 그 부위에 힘이 들어간다는 상상을 통해서 그 근육을 쓴다. 팔에 이두박근과 삼두박근이 있는데, 이두박근을 단련하는 운동을 하면서 삼두박근에 힘을 주는 것은 의미가 없다. 직접 보지 못해도 최대한 이두박근에만 집중하면서 그곳으로 힘이 들어가고 있다는 상상을 해야 그 부위를 사용할 수 있다. 초보자인 내가 처음 시작할 때도 그랬다.

　감정코칭을 처음 시작할 때도 마음의 어떤 부분이 작용을 하고 훈련되고 있는지를 눈으로 직접 볼 수는 없다. 감정코칭에서도 상상의 힘은 중요하다. 몸에 힘을 주는 것은 어디까지나 나의 상상이다. 앞서 동영상에 등장한 코치도 다만 그것을 좀 더 생생하게 상상할 수 있도록 그림으로 보여 주었을 뿐이다. 내가 어느 부위에 힘을 줄 것인가는 그 부위에 힘이 들어간다는 나의 상상이 결정한다. 결과적으로는 드는 힘을 통해 근육의 크기나 무게를 유추할 수도 있다. 어떤 경우에도 내 근육 자체를 들여다볼 수는 없다. 만약 살갗 밑의 근육이 안 보인다고 근육량의 증가나 훈련의 결과를 받아들이지 못한다면 얼마나 어리석은 일인가.

마음도 마찬가지다. 기껏 코칭을 통해 훈련을 하다가도 어느 순간 정말 성장하고 있는 건지 의심하며 못 믿겠다고 미뤄 버린다면? 어리석게도 진짜로 성장을 멈추는 건 그때부터다. 나에게 집중하여 내가 원하는 것을 계속해서 상상하면 그곳으로 마음의 힘이 집중된다. 내 감정을 다스리는 일도 내가 원하는 모습이 명확할 때 가능하다. 내가 무엇을 어떻게 하고 싶은지도 모르면서 그저 막연히 잘됐으면 좋겠다는 건 회피를 위한 변명에 불과하다.

직장은 마음 근육을 강도 높게 사용하는 공간이자 훈련하는 공간이다. 마음 근육은 사용하는 공간 자체가 훈련하는 공간이 된다. 마음 근육은 많은 이들과 함께 다양한 관계 가운데 있을 때 더 높은 강도의 훈련이 되기 때문이다. 혼자 있을 때는 평온하던 마음이 직장에서 이리저리 요동치는 것도 비슷한 이치다. 혼자서 훈련하지 못한 다양한 상황과 높은 강도의 자극이 주어지기 때문이다.

마음 근육이 약해진 상태에서 직장 생활의 다양한 자극은 자칫 마음에 무리를 주거나 원치 않는 방향으로 쓰게 한다. 또한 항상 해오던 대로 같은 방향으로만 사용하면 힘은 더 들어가면서 원하는 만큼 움직이지 않을 수도 있다. 그래서 마음 근육을 키우는 훈련을 통해 내 마음의 힘이 필요할 때 적절한 곳에 힘을 주어 가장 큰 효과를 낼 수 있도록 하는 것이다. 불필요한 감정 소모나 에너지 낭비 없이.

마음의 근육을 키우려면 어떻게 해야 할까?

시작은 마음의 근육이 존재한다는 사실을 알고 믿는 것이다. 앞서 이야기한 대로 자신이 훈련하게 될 마음 근육의 존재를 받아들이는 것부터 하면 된다. 그다음은 몸의 근육에 대한 자료를 찾아보았듯 마음 근육도 먼저 훈련한 이들의 기록을 통해 확인해 보는 일이다. 나만의 훈련 방법을 만들기 위한 기초 작업이면서 해냈을 때의 모습을 미리 보여 주는 동기 부여도 된다. 코칭 또한 그렇게 먼저 훈련한 이들의 많은 기록을 분석하여 개개인에게 가장 맞는 방법을 찾아가도록 돕는 일이다.

마음 근육 훈련 내용들을 살펴보면 점차 공통된 부분을 찾아내게 된다. 개인별 상황은 모두 제각각이므로 어느 부분에 포인트를 둘 것인가는 전적으로 자신에게 달려 있다. 자신을 기준으로 하여 우선 깨달음을 얻은 부분이 있다면 그것부터 먼저 시도해 본다. 나에게 와닿는 내용이어야 실행으로 이어진다. 머리로만 아는 것은 내 몸과 마음이 따라가질 못한다. 나에게 와닿는 부분부터 찾아야 앞으로도 계속해서 실행으로 이어 나갈 수 있다.

차근차근 꾸준히 하다 보면 내가 특별히 더 강화하고 싶은 부분, 더 재미를 느끼거나 성취감을 느끼는 부분이 생긴다. 그곳에서 나만의 개성이 더욱 빛을 발할 수 있다. 몸의 근육을 같은 방법으로 단련한다고 모두의 몸이 자로 잰 듯 똑같아지지 않는다. 마음의 근육도 기본적인 방법은 같아도 모두가 같은 기간 똑같이 성장하지 않는다. 나에게 가장 잘 맞는 방법을 찾아 고유한 특성을 찾아가는 것이다. 그래서 훈련이 필요하고 훈련 과정을 효과적으로 이끌어 주는 코치가 도움이 된다.

마음의 근육도 훈련이 필요하다. 훈련된 마음은 잘 준비된 운동선수와 같다. 그런 마음은 기본적으로 힘이 세고 상황에 따라 유연하게 사용할 수 있다. 갑작스러운 공격에도 당황하지 않고 준비된 방법으로 침착하게 대응한다. 운동선수라고 해서 반드시 혹된 훈련 과정이나 엄한 가르침이 필요한 것은 아니다. 특별한 누군가만 할 수 있는 일도 아니다. 마음 근육을 단련하는 방법을 차근차근 알아가고 적용하는 동안 약간의 꾸준함만 있으면 누구나 언제든지 가능하다. 지켜 내야 할 것은 마음 근육을 훈련하기로 한 나의 선택과 그 선택을 유지하는 온도다. 이제 마음 근육을 훈련할 시간이다.

모든 문제에는 답이 있다

직장 생활에는 항상 크고 작은 사건 사고가 끊이지 않는다. 겉으로 보면 별것 아닌 것 같고, 남의 회사라면 뭐 그런 것 가지고 그러나 싶은 것도 내가 있는 곳에서는 달라 보인다. 남이 아닌 자신의 이야기가 되면 입장이 완전히 달라진다. 다른 직장, 다른 사람의 일이라면 쉽게 답을 내놓기도 하면서 훈수를 두려고 하다가도 내 이야기에는 좀처럼 답을 내지 못하고 머뭇거린다. '나'라는 것이 커다란 부담이 되어 있는 그대로 보는 것을 어렵게 하기 때문이다.

그럴 때는 이미 말한 것처럼 그 문제가 다른 회사 다른 이들의 것이라고 여기고 생각하는 것이 가장 좋다. 나를 빼내고 그 자리에 익

명의 다른 이를 넣어 보는 것이다. 그러고 나면 하나하나 들여다보기가 쉽다. 문제를 그 자체로 볼 수 있다. 그리고 대부분의 문제는 답도 함께 포함하고 있다.

감정코칭을 하다 보면 많은 경우 자신도 모르게 처음부터 답을 알고 오는 이가 많다. 정작 본인은 모른다. 본인도 이리저리 고민하다 발견했을 텐데 그것이 자신의 답이라는 것을 알지 못하는 것뿐이다. 답인가 싶어서 들여다보다가도 확신이 없어 그만두거나 잘못 짚어서 다른 쪽으로 넘어가 버리는 경우도 많이 있었다.

감정코칭을 통해 그 답을 찾고 나면 결국 자신 안에 이미 그 답이 있었다는 데 몇 번이고 놀란다. 얼마 전 감정코칭 과정을 완료하고 지금 가족과 여행 중인 L씨의 사례는 두고두고 소개할 만하다.

L은 나를 만나기 전 오랫동안 상담을 받아 왔지만 삶이 달라지지 않아 답답해했다. 이런저런 책도 보고 강의도 듣고 나름대로 보고 배운 것 또한 많았다. 내가 이야기하는 웬만한 이론적인 내용은 대부분 이미 알고 있을 정도였다. 중요한 것은 그다음이었다.

머리는 이미 커질 대로 커졌는데 그 머리를 지탱할 힘이 없었다. 날마다 머리가 무거워 고통스럽다고 했다. 떠오르는 생각은 너무나 많은데 행동으로 옮겨지지가 않는다. 방법은 두 가지다. 머릿속을 가볍게 비워 내거나 머리를 지탱할 힘을 키우거나. L씨와 내가 함께 한 방법은 일단 머릿속을 덜어 내는 일이었다. 불필요하거나 반복된 비슷한 두려움부터 걷어 낸다. 그 과정을 통해 이전에 경험한 적 없는 성취감을 느끼는 것이 첫걸음이었다. 처음 느껴 보는 묘한 감정에 상기된 얼굴이 된 L의 모습이 아직도 생생하다.

머리가 한결 가벼워지고 나자 실행으로 옮기는 것이 덜 부담스러웠다. 머리를 지탱할 힘을 키우기 전이었지만 좀 더 가벼운 상태가 되자 상대적으로 내가 더 힘이 생긴 것처럼 느껴진다. 이 과정만으로도 만족하며 중단하는 이들도 있다. 하지만 여기서 멈추면 거기까지다. 더 나아갈 힘을 키우지 못하고 그 자리에 머무는 셈이다.

성취감을 느낀 L씨는 한 단계씩 계속해서 나아가기로 했다. 코칭 과정을 완료한 후에도 혼자서 앞으로 나아갈 방법을 찾아가는 것이다. 하나하나 실행에 옮기면서 그 과정을 통해 깨달음을 얻는 방법이다. 내 안에 이미 가진 것들을 확인하고 하고 싶었던 일을 찾아내는 것부터다. 해야 할 일, 다른 이들을 위해 급한 일들을 하느라 항상 본인을 뒷전으로 미뤄 오고 막상 차례가 와도 힘이 남아 있지 않아서 시도할 엄두가 나지 않았다. 모든 의무와 책임을 나 몰라라 하라는 뜻이 아니다. 가장 중요한 일을 우선으로 하고 중요하지 않은 급한 일은 최대한 효율적으로 처리하는 식이다.

예를 들면, 집안 용품 하나를 구매하는데 1,000원이라도 더 할인받으려고 몇 시간을 들여 가며 검색하고 비교하느라 시간을 보내지 않는다. 그런 일은 자투리 시간에 빠르게 쳐내면 된다. 정작 중요한 일은 어렵고 신경 쓸 일이 많다는 이유로 자꾸 미루면서 하기 쉬운 중요하지 않은 일에 시간을 써 버리고 만 것이다. 가족들이 먹지도 않는 5첩 건강 밥상을 차리느라 진을 빼지 않는다. 영양소를 골고루 채워 줬다는 혼자만의 착각일 뿐 남편과 아이들이 정작 젓가락을 댄 반찬은 한두 가지에 불과하다.

밥상을 차리고 다시 치우느라 지쳐 잠들기에 바빠 아이들과 기분 좋게 대화 나누는 것을 미뤄 왔다. 더 이상 미루지 않는다. 중요한 것부터 한다. 혼자만의 시간에 내가 읽고 싶었던 책을 몇 페이지씩 읽고 쓰는 일을 한다. 사소하지만 큰 깨달음을 통해 줄일 것은 줄이고 집중할 것에 집중하게 되었다.

이후로 감정코칭연구소에는 L씨의 행복한 외침이 수시로 들려왔다. 예전보다 더 많은 일을 해내는 것 같은데 지치지가 않는다고. 모든 일이 쉽게 느껴져서 어색하고 이렇게 기분 좋아도 되나 두려울 지경이라고.

나더러 본인도 몰랐던 모습을 어떻게 더 잘 아느냐고 묻는다. 새삼스러운 일이 아니다. 모든 문제에는, 모든 원인에는 답이 있기 때문이다. 아주 쉽게 이야기하면 이렇다. 많이 먹는다. 먹는 만큼 움직이지 않는다. 남는 열량은 살이 되어 쌓인다. 이제는 살을 빼겠다고 한다. 답은 두 가지다. 덜 먹든가 더 움직이든가. 모든 일이 이처럼 명쾌하지는 않겠지만 방법은 있고 어렴풋이 알고도 있다. 그러면서

덜 먹을 것인가 더 움직일 것인가의 사이에서 갈팡질팡한다. 고민을 하는 사이 여전히 몸은 그대로이거나 그 스트레스로 인해 더 먹고 더 무거워질지도 모를 일이다. 핵심은 둘 중 하나를 결정하고 일단 시작하는 것이다.

감정코칭을 통해 제일 먼저 하는 일은 선택에 대한 막연한 두려움을 걷어 내고 '둘 중 어떤 것을 선택해도 괜찮다'는 사실을 받아들이기다. "제가 지금 몸을 유지해야 할까요, 살을 빼야 할까요?"로 고민하는 경우는 의외로 많지 않았다. 마음속으로는 '유지한다'와 '뺀다' 둘 중의 하나를 이미 정해 놓고 '운동이냐 식이요법'이냐를 묻는다.

한 단계 더 들어가 보면 운동이냐 식이요법이냐를 논하는 경우에도 '유지한다'는 여전히 존재할 수 있다. 현재 몸을 그대로 유지하고 싶은 진짜 마음이 있으면서도 왠지 뺀다고 해야 할 것 같은 경우다. 이것을 알아보고 본인이 진짜 원하는 것을 선택할 수 있도록 도와주는 것이 우선이다. 본인이 원하는 것을 하나씩 선택하고 나면 실행은 더 쉬워진다. 몰라서 못 했던 것뿐이지 조금씩 알게 되면 자꾸만 궁금하고 더 하고 싶기 마련이다. 첫걸음을 떼는 일이 쉽지는 않지만 믿을 수 있는 코치가 손을 잡고 함께한다는 사실만 잊지 않으면 의외로 쉽게 내디딜 수 있다. 처음 자전거를 배우거나 물에 뜨는 법을 배울 때처럼 말이다.

모든 원인에는 답이 있다. 흔히 답답한 마음에 '노답'이라고 하지만 끈질기게 들여다보면 언제나 답은 그 안에 있다. 지겨울 대로 지겨워졌는데 다시 들어가서 한참 동안 답을 찾아야 한다는 것이 귀찮고 하기 싫은 것뿐이다. 들여다보는 과정에서 받게 될 스트레스와 상처가 두려운 것이다. 하기는 싫지만 해야 한다고 생각하면 점점 큰 부담이 된다. 처음엔 그냥 미뤄 두면, 모른 척하면 유야무야 되지 않을까 하는 막연한 기대도 해 본다. 잡초와 같은 문제는 미루면 미룰수록 믿을 수 없을 정도로 무성하게 존재감이 커질 뿐이다. 방법은 직접 마주하고 들여다보는 것뿐이다. 혼자서는 끈질기게 귀찮고 지겨운 일을 할 엄두가 나지 않는다면 도움을 청하면 된다. 혼자 시작하기에 무섭고 겁이 난다면 손잡아 달라고 하면 된다. 도움이 필요할 때 도움을 구하는 것이 진정한 용기다. 스스로 돕는다는 의미도 여기 있다. 모든 것을 혼자서 해야만 스스로 돕는 것이 아니다. 자신을 도와줄 다양한 방법을 찾아보는 것도 충분히 스스로 돕는 일이다. 모든 일에는 답이 있다. 스스로 도울 기회를 줄 타이밍이다.

진짜 나와 만나는 시간, 감정코칭

진짜 나를 만나본 일이 있는가? 이제까지 살면서 '진짜 나답다'라는 순간이 있었는가? 그때가 언제였는지 구체적으로 떠올릴 수 있는가. 그리고 지금도 그 모습으로 살고 있는가. 대부분의 경우 대답은 "아니, 아니, 아니오"다. 우리는 이것이 어떤 의미인지 안다. 개인차는 있을 수 있지만 지금 내가 '진짜 내 모습인가'에 대해서 대답할 수 있다.

오랜 기간 내 고민과 의문도 여기에 있었다. 지금 내 모습이 진짜 내가 아닌 것 같은 느낌으로 하루하루 의미 없이 보내고 있었다. 따라서 날마다 새롭게 또다시 괴로웠다. 그럼 당장 진짜 내 모습으로 살아가면 될 일이지만 그게 말처럼 쉽지가 않았다. 처음 당황했던 부분은 진짜 나를 모른다는 사실이었다. 아니라는 느낌은 있지만 진짜 내 모습이 무엇인가에 대해서는 아무런 단서가 없었다. 막연히 이것이 아니라는 것뿐이다. 이것이 아닌 다른 것에는 무한에 가까운 확률이 있다. 이것이 아닌 그 어느 것이나 내 모습일 수 있다는 셈이니 말이다. 그 정도로는 답이 되지 않았다.

다행인 것은 내가 살아온 시간 중에 진짜 내 모습을 발견할 수 있는 단서가 있다는 점이다. 덕분에 이제까지 살아온 시간을 하나하나 되돌아볼 기회가 되었다. 아니라면 차근차근 나를 돌아볼 생각은 미처 하지 못했을 것이다. 당장 하루하루 살아가기에 급급했다. 지금이 어떤 모습이건 간에 그런 생각을 사치라고 여기며 주어진 일들을 해내기에 허덕였다. 몸과 마음의 상처를 계기로 진짜 나를 찾기로 한 것은 돌아보면 다시없는 감사한 기회였다.

어떤 순간이 진짜 나로 살았던 때인가를 확인하고 싶다면 '진짜 나를 만나는 10가지 질문' 중 열 번째에 해당하는 질문을 해 보면 된다. '충분한 돈과 시간과 신체의 자유가 있을 때 내가 하고 싶은 일'에 대한 대답이다. 그리고 그 일을 할 때의 내 기분과 느낌을 상상하면 된다. 그런 기분과 느낌에 가장 가까운 것이 바로 내가 나로 살고 있는, 가장 나다운 순간이다. 내가 살아온 시간 가운데 분명 가장 비슷한 순간들이 있을 것이다. 그때 내가 그런 기분과 느낌을 가졌던 이유를 돌아보자. 하나씩 발견하고 적어 나가는 과정이 바로 감정코칭이다.

좀 더 구체적으로는 다음과 같다.

첫째, 진짜 내 모습, 타고난 나의 모습을 되찾는 과정이다.

오랜 기간 알지 못하고 살아온 진짜 내 모습, 타고난 나의 모습을 다시 발견하여 찾아가는 과정이다. 타고난 나의 모습을 되찾는 것이 왜 중요할까? 그것은 애초에 우리가 완전하게 태어났으며 고유한 특성으로 성장할 수 있는 요인들을 타고났기 때문이다. 하지만 천편일률적인 교육과 사회적인 시선에 맞추어 살아가면서 타고난 모습을 감추고 모른 척하면서 잠시 잊고 있는 것뿐이다.

둘째, 진짜 나를 가리고 있는 현재 생활 전반을 돌아보는 과정이다.

감정코칭은 단순히 순간적인 감정만을 다루지 않는다. 그러한 감정의 배경이 되는 근본적인 원인을 되짚는다. 과거의 기억에서 오는 경우가 많지만 그것들이 반영된 지금의 생활을 들여다보는 것으로도 가능하다. 지금 나의 하루하루가 진짜 나를 숨기고 억누르는 시간인가 아니면 진짜 나를 찾아가고 드러내는 시간인가 하는 것이다. 진짜 나를 숨기고 억누르고 있다면 구체적으로 어떤 부분 때문인지 하나하나 찾아가서 마주하는 과정이다.

셋째, 진짜 내가 원하는 삶을 찾아가는 과정이다.

타고난 내 모습을 알고 그 모습대로 살기 시작하면 힘들기만 했던 지금의 삶이 조금씩 편안하고 쉬워진다는 느낌이 든다. 일회적인 느낌이 아니라 갈수록 점점 더 쉽고 편안한 삶을 누리는 것이다. 감정코칭 과정은 내 마음의 밑바닥까지 들여다보며 진짜 내가 원하는 것을 다양한 방법으로 찾아낸다. 다양한 측면으로 의외의 순간에서 발견하는 것들을 하나하나 내 것으로 만들어 간다.

내가 혼자서 이렇게도 해 보고 저렇게도 해 보며 보냈던 시간이 곧 감정코칭 과정이었다. 덕분에 지금은 좀 더 정리된 내용으로 코칭을 할 수 있게 되었지만 어떻게든 진짜 내 모습을 찾고자 고군분투하던 시절이 있었다.

처음엔 밖으로만 향해 있던 시선의 방향을 돌리는 것이 참 힘들었다. 내가 뭘 해야 내 진정한 모습을 찾을 수 있을까 하여 이론들을 공부하기에 급급했으니 말이다. 나는 심리와 감정에 대해서 배웠지만 그 어디에도 '나'는 없었다. 나의 심리와 나의 감정이 아닌 심리와 감정 그 자체만 지식으로 채우고자 했다. 중요한 것은 나의 감정과 심리다. 막막했다. 이론대로 술술 이해되지 않았다. 내가 개입되자 모든 것은 다시 원점이 되었다.

다시 돌아가 단순히 내 머릿속에 있는 것과 내 마음속에 있다고 믿는 것들을 꺼내어 적기 시작했다. 그건 할 수 있었다. 적어도 읽기 쓰기는 할 수 있으니 나에게 질문을 던지고는 그 질문을 읽고 답하며 쓰기 시작했다. 다른 사람이 쓴 것이었다면 다시 꺼내 볼 수 없을 정도로 중언부언한 것 같다. 하지만 내 것이기에 다시 봤다. 다시 봐 주어야 한다고 이것마저 해 주지 않으면 안 된다는 내 마음의 소리를 드디어 듣게 된 덕분이다.

그곳에 진짜 내가 있었다. 인정받고 싶어서 발버둥 치는 내가, 그 사실을 인정하고 싶지 않아서 외면하는 내가 있었다. 다른 이들에게 복종하는 내가, 모두를 시기하고 비웃는 내가 있었다. 달라지고 싶다고 소리치는 내가, 막 살면서 나를 내버리겠다는 내가 있었다. 받아들이고 싶지 않았다. 다른 이였으면 그럴 수도 있겠다고 하겠지만 내가 그렇다고 하기가 싫었다. 하지만 결국 내가 그 모습 전부를 받아들였을 때, 모두가 내 모습임을 인정했을 때 비로소 진짜 나와 만나는 새로운 문이 열렸다.

그 문으로 들어가자 오래도록 기다린 내 안의 내가 있었다. 여러 가지 모습에 가려 보지 못했던 진짜 나다. 완전하고 눈부시게 태어난 내 진짜 모습이다. 세상에 맞춰 살아가며 타고난 모습 대신 가면을 쓰고 살아가던 내가 드디어 모든 가면을 내려놓는 순간이다.

감정코칭은 진짜 나를 만나러 가는 과정이다. 가장 가깝고도 먼

내 안에 있는 진짜 나를 찾아가는 일이다. 지금 나의 모습이 어딘가 모르게 불편하고 어색하다면 진짜 나를 만나 그 이야기를 들어볼 때가 되었다는 신호다. 진짜 나를 만나러 가는 과정은 어렵고 복잡해 보이지만 알고 보면 아주 가벼운 한 걸음에서 출발한다. 밖으로 향해 있던 시선의 방향을 돌리고, 덮여 있던 껍데기를 인정하고, 하나하나 차례로 걷어 내는 과정이다. 이렇게 한 걸음씩 걸어 들어가다 보면 드디어 내밀한 곳에서 오래도록 기다려 온 나, 진짜 내가 나를 반겨 준다. 나의 이야기는 여기서부터 새로 쓴다.

지금 나부터 행복하라

일주일 만에 다시 만난 Y씨는 일대일 감정코칭 2회 차 만에 지난 한 주간 내내 기분이 너무 좋아졌다며 한껏 들떠 있었다. 일상생활에서 기분이 좋아졌다는 것은 진심으로 축하할 일이다. 나도 함께 기뻐하며 축하해 주었다. 하지만 뒤이어 나온 이야기에 순간 나도 모르게 '아차' 싶었다. Y는 이렇게 한두 번 만으로도 생활이 달라지니 남편한테도 "당신도 받아 보라"고 나름 강력하게 이야기했다는 것이다. 너무 신이 난 나머지 평소 자주 만나는 모임의 엄마들에게도 널리 전했다고 했다.

"코치님, 이렇게 좋은 건 더 많이 알려야 해요. 다들 모르고 있는 게 너무 안타까워요."

그녀가 어떤 의도로 이야기했는지는 충분히 알겠다. 그렇게 생각해 주었다니 감사한 일이기도 하다. 하지만 Y씨 코치의 입장에서 본다면 상당히 위험한 행동이다. 이리저리 소문내 주면 더 좋은 일 아니냐고? 전혀 그렇지 않다. 이런 식의 소문은 절대로 내서는 안 된다. 내가 아차 싶었던 이유도 여기에 있다. 코칭을 시작할 때 미리 당부해 두었어야 하는 부분이기 때문이다.

흔히 다이어트를 할 때 "나 다이어트 시작했다"고 동네방네 소문내라는 조언을 한다. 그리고 이왕이면 같이 할 수 있는 사람들을 만들라고도 한다. 어떤 이들에게는 분명 효과적인 방법이었을지 모른다. 하지만 요즘 같은 때에는 의미 없는 조언이다. 다이어트를 시작했다고 소문내고 같이 할 수 있는 사람을 만드는 것은 다이어트를 즐겁게 시작할 수 있도록 하는 데는 도움이 될지 모른다. "나 다이어트 한다"라고 선언하는 것이 그 자체로도 일종의 성취감을 주기 때문이다. "다이어트 같이 할래?"라고 하며 사람들을 모으거나 모임에 들어가는 것도 내가 영향력을 행사했다는 느낌과 새로운 모임의 소속이 되었다는 친근함을 줄지도 모른다. 하지만 거기까지다.

다이어트는 거기서 끝나지 않기 때문이다. 그건 시작도 하기 전의 이야기가 아닌가. 진짜는 그다음부터다. 소문냈다는 이유로 무언가를 먹고 싶을 때 그들의 얼굴을 떠올리며 참아 낸다거나 혹은 그들과 만났을 때 배려나 도움을 받을 수 있어야 한다는 뜻이다. 만약 "다이어트는 내일부터", "맛있게 먹으면 0칼로리" 같은 식으로 자신을 희화시킨다면 다이어트는 물 건너가 버린다. 거기에 꼭 몇 명은 이른바 드림킬러, 매사에 부정적이고 까칠한 이들이 있기 마련이다. "너 정도면 됐지 뭘 그렇게까지 하냐"며 교묘하게 칭찬도 응원도 아닌 김빠지는 덕담을 꺼내는 이들도 있다.

같이 하는 사람들과도 마찬가지다. 서로를 의식하며 계속해서 자극을 주고받을 수 있다면 좋지만 어느 순간 한 명이 속도를 맞추지 못하거나 슬럼프가 오면 그에 대한 영향 또한 모임의 모두가 받게 된다. 그런 영향을 받지 않으면 되지 않느냐고? 바로 그거다. 그렇다면 처음부터 같이 할 의미가 없는 것이다.

다시 감정코칭으로 돌아와서 이야기해 보자. 시작의 즐거움이 Y를 남편과 주변 엄마들에게 이야기하도록 했을지 모른다. 이것저것 다 귀찮은 상태에서 에너지가 조금 생기기 시작하니 얼마나 기분이 좋았겠는가. 이왕이면 좋은 것 함께 하고 싶었다는 마음까지도 이해한다. 바로 옆의 사람들이 같이 행복하면 좋은 일이다. 하지만 여전히 다이어트 선언이나 함께 하는 멤버 모집과 다르지 않다.

이제 겨우 시작일 뿐이다. 아직 추천하고 다니기엔 이르다. 나부터 회복하는 것이 우선인데 조금 생긴 그 에너지를 다른 이들에게 나눠 주느라 써 버리다니 얼마나 아쉬운가. 지금은 모든 에너지를 나 자신에게만 집중해도 부족한 때다. 아니나 다를까 일주일 후 다시 만난 그녀는 풀 죽은 목소리로 말한다.

"코치님 말씀이 맞았어요. 남편이 자기한테 불만 있으면 말로 하라고 하더라구요. 제 의도를 전혀 몰라주더라고요."

누구의 잘못도 아니다. 아직은 때가 아닐 뿐이다. Y씨에게 한 이야기도 그랬다.

"Y씨부터 행복해야 합니다. 그때까지는 주변의 다른 이들을 돕고 싶어도 의도적으로 자제하는 것이 필요해요. 내가 충분히 행복하지 않은 상태에서 다른 이들을 돕는 것은 진정한 의미에서 도움이 안 되기 때문입니다. 기껏 해 주고도 그만큼의 보답이 돌아오지 않으면 실망하기도 더 쉽고요. 해 주면서 힘들어지는 자신의 모습을 보며 상대방과 자신에게 모두 실망하는 경우도 많습니다. 일단 내가 충분히 회복되고 행복할 때 진정으로 돕고 나눌 것도 생기게 됩니다. 그때까지는 그 에너지를 나에게 집중하도록 해요."

그렇다면 일대일 코칭을 완료한 경우에는 어떨까? 비슷한 시기에 코칭을 완료한 P씨의 이야기다. 며칠 전 퇴근하고 집에 들어갔더니 자신보다 일찍 퇴근한 남편이 축 처진 어깨로 TV를 보고 있었다. 예전 같으면 "오늘은 일찍 들어왔네." 정도로 지나쳤을 일이다. 내 한 몸 추스르기도 버거웠기 때문이다. 그날따라 남편의 뒷모습이 두 눈에 크게 들어왔다고 한다. 나는 이렇게 감정코칭도 받고 인생에 숨통이 틔었는데 나만 이렇게 기분 좋고 행복해도 되나 싶을 정도였다고 말이다. 얼마 전까지만 해도 집에 들어가면 손가락 하나 까딱하지 않는 남편을 보기가 너무 힘들다고 했던 P씨다.

다음 날 언제나처럼 직장 근처에 있는 안마의자 매장을 지나치려다가 자기도 모르게 들어가 보았다고 한다. 거의 5년 가까이 남편이 이야기하던 안마의자를 몇 주 후 생일 선물로 사 주기로 한 것이다. 사실 신혼 때를 제외하고 10년 가까이 선물은 생각지도 않았다고 했다. 그러다가 자신도 모르게 남편에게 선물하고 싶다는 마음이 강하게 든 것이다.

며칠 후 안마의자가 배송된 날 남편은 좋아서 어쩔 줄을 몰라 했다고 한다. 연신 고맙다는 말을 하면서 의자에 누워 얼마나 행복해하던지 보고 있는 것만으로도 자신 역시 선물을 받은 기분이었다고 했다.

놀라운 것은 그 뒤로 P씨가 전혀 예상치 못한 일이 나타났다는 사실이다. 그날도 P씨보다 먼저 귀가한 남편이 아이들과 함께 저녁을 차려 먹은 것이다. 게다가 어설프게나마 설거지를 해 두고 함께 앉아 서로 이야기를 하고 있는 진풍경이었다.

"제가 그렇게 조금만 도와 달라고 할 때는 들은 척도 안 하더니, 정말 기대도 안 할 때 그렇게 하니 너무 놀라웠어요."

덩달아 사춘기 아이들과도 조금씩 대화가 시작되었고 주말마다 함께 여행을 다니며 자연스럽게 함께 시간을 보내게 되었다는 소식을 전해 온다. P씨는 남편에게 감정코칭을 권하기 전에 행복한 자신의 삶을 충분히 즐기고 있었다. 그 가운데 행복한 감정이 충만해지자 남편이 원하던 것이 자연스럽게 떠올랐고 그대로 들어주게 된 것이다. 그 뒤로 어떤 거래나 조건 같은 것도 없었다. 그 자체가 당시의 P씨에게 가장 행복한 일이었기 때문에 그대로 따른 것뿐이다. 이후로는 P씨가 남편에게 원하던 것들까지 자연스럽게 이루어지게 되었다.

예전에도 안마의자를 사 줄 수 있었다. 하고 싶지 않았던 것뿐이다. 이런저런 이유를 대며 미뤘고 그것이 당연하다고 여겼다. 내 기분이 좋아지고 내 삶이 충만해지자 다른 이들의 필요도 쉽게 눈에 들어왔다. 억지로 요청을 들어주는 것이 아니라 선물처럼 주고받게 되는 것이다. 이것은 남편이 감정코칭을 받았기 때문이 아니다. 먼저 행복해진 P씨가 그곳에 있었기 때문이다.

　나부터 행복해도 된다. 나부터 행복해야 한다. 내가 행복하면 다른 것은 자연스럽게 따라오게 되어 있다. 기분 좋은 내가 하는 일은 예전보다 수월해질 것이고 그 가운데 얻는 성취감도 커진다. 더 적은 에너지를 들인 것 같은데 얻는 것이 늘어나니 그만큼 더 풍요로움과 여유를 느끼게 된다. 마침내 그러한 여유로움이 다른 이들을 돌아보고 진정한 의미에서 도움을 주게 된다. 상대방 또한 여유로움으로 주는 도움에는 기꺼이 감사하며 받을 수 있다. 내가 무언가를 뺏거나 얻는다는 느낌에 위축될 필요가 없기 때문이다. 기꺼이 받은 것에는 기꺼이 보답하고 싶어진다. 감사와 사랑의 선순환이다. 시작은 나부터 행복한 데 있다. 지금 혹시 나만 행복해질까 봐 미안하고 두려운가? 지금 먼저 깨달은 내가 먼저 더 크게 나눌 수 있다. 나부터 행복해야 모두가 행복하다.

월요일이 사라졌다

직장인에게는 난치병이 하나 있다. 일주일 중 토요일에 상태가 가장 나아졌다가 일요일 오후부터 급속하게 악화되는 특성이 있다. 증상으로는 한숨, 낙담, 무기력, 불면 등이 대표적이다. 특히 불면으로 나타나는 경우 일요일 밤에 거의 한숨도 못 자는 경우가 많다. 이 병은 모두 눈치챘다시피 바로 '월요병'이다. 직장 생활 내내 지겹도록 따라붙는 병이다.

제목에 '월요일'이 들어간 영화는 어떨까? 영화 〈월요일이 사라졌다〉를 봤다. 제목만 봤을 때는 미래의 어느 날 월요일이 사라진, 시간 개념이 달라진 상황을 그린 영화인 줄 알았다. 실제 내용은 완전히 달랐다. 내가 만약 영화처럼 일곱 쌍둥이 중 한 명으로, 한 사람의 이름으로 살면서 일주일에 단 하루, 그것도 내 이름이 된 요일에만 외출할 수 있다면 어떨까? 설정 자체만으로도 여러 가지 생각과 상상을 하게 하는 영화였다.

내가 하필 월요일이라면? 중요한 프레젠테이션도 월요일이고, 승진 발표도 월요일이고 여러모로 가장 긴장되는 날이다. 내가 나가는 날마다 그런 일들이 생기는 것이다. 각자 자신의 날에만 사회생활을 할 수 있어서인가? 각 요일의 주인공들은 우리가 떠올리는 요일의 특성과도 닮아 있다.

영화 속에서 월요일은 묘하게 가장 경직되고 긴장되어 있다. 정장을 차려입고 온몸엔 힘이 가득 들어가 있고 시작부터 피로가 쌓여 간다. 화요일은 월요일보다는 약간 어수선하다. 수요일은 혼자 묵묵히 열심히 하는 스타일이고 목요일은 어딘가 화가 나 보인다. 애써 스트레스를 꾹꾹 눌러 참는 것 같다. 금요일은 나 몰라라 자기만의 세계에만 관심이 있고, 토요일은 매일이 파티다. 일요일은 교회밖에 가 본 적 없는 신앙심 깊은 모습이다. 어디까지나 영화 속 인물들에 대한 나의 해석이다.

다시 처음의 질문으로 돌아가 보자. 내가 만약 월요일이라면? 내가 보고 느끼고 경험한 바깥세상이 오직 월요일뿐이라면 나는 어떤 사람이 되어 있을까? 나는 세상과 다른 이들을 어떻게 느낄까? 월요일 외에는 나의 존재 자체를 없는 것으로 해야 한다면, 누군가에게 들키지 않도록 숨죽이는 것이 나머지 6일의 삶이라면?

상상만으로도 숨이 막힌다. 이건 다른 요일도 마찬가지일 것이다. 하지만 월요일이라면 더하지 않을까. 풀 수 없는 스트레스가 언제까지나 계속되는 느낌. 가장 굳어 있는 월요일의 얼굴을 하고 있는 사람들을 만나 가장 무거운 이야기를 하고, 업무회의라는 명목으로 지난주의 경쟁을 평가받고 이번 주의 전투력을 점검받아야 하는 날이지 않은가. 이번 주에도 다른 이들을 설득하여 한 주간의 회사 수명을 연장해야 하는 날이다.

모두의 월요일이 이렇지는 않을 것이다. 그렇지 않은 사람이 훨씬 많다고도 믿고 싶다. 하지만 적어도 내가 경험한 많은 월요일들은 그랬다. 그래서 영화도 토요일이나 수요일이 아닌 '월요일'을 내세우고 싶었던 게 아닐까. 팽팽한 긴장감 속에 무슨 일이 일어날지 모르는 월요일이야말로 다른 요일들을 숨죽이게 하는 최적의 날이다.

바로 오늘, 한 달의 첫 월요일에 굳이 이러한 이야기를 꺼내는 이유는 무엇일까. 영화와 달리 우리의 요일은 7일 모두이기 때문이다. 우리는 모든 요일을 모두 살아 내야 하기 때문이다. 각각의 요일이 서로 조화를 이룰 때 우리의 삶이 풍요로워진다. 매일을 월요일처럼 산다고 혹은 일요일처럼만 산다고 해서 행복해지지 않는다. 행복은 특정 요일과는 관계없기 때문이다.

'월요병'이라는 난치병에 걸린 직장인들, 출근 즉시 퇴근하고 싶어지는 이들의 원인은 단지 월요일이 아니다. 특정 요일에만 가치를 두고, 특정 요일에만 내가 원하는 것을 할 수 있기 때문이다. 주말만 기다리며 한 주를 보내고 터질 것 같은 마음을 활활 태워 버리려 불금을 보내는 식이다. 우리도 영화 〈월요일이 사라졌다〉와 다를 바 없는 삶이다. 내가 좋아하는 요일은 정해져 있고, 내가 하고 싶은 일도 따로 있는데 주어진 역할 때문에 억지로 살아야 하는 것과 마찬가지기 때문이다. 나도 한때는 특정 요일 신봉자였다. 월요병 환자였고, 완치가 없다고 믿었다. 하지만 그것이 '병'이 아님을 깨닫는 순간 더 이상 나는 환자가 아니었다. 애초에 요일이 병의 원인이 아님을 알게 된 것이다.

감정코칭을 통해 자신에게 집중하기 시작한 이들도 이와 같은 이야기를 많이 한다. 예전이라면 월요일이라서, 비가 와서, 날이 추워서, 더워서, 연락이 없어서 등 외부의 상황과 조건 탓을 했다. 이 때문에 자신의 감정에 집중하지 못하거나 상처를 받는 일이 많았다는 것이다. 하지만 진짜 나와 내가 좋아하는 것을 알고 조금씩 집중하기 시작하자 외부의 상황과 조건은 차츰 그 영향력이 희미해져 갔다.

내가 하고 싶은 일을 하는데 요일은 상관없었다. 날씨나 다른 이들의 말과 행동이 진짜 나로 살아가는 데 별다른 영향을 끼치지 않는다는 것을 깨달은 것이다. 단순히 개념적으로 이해한 것이 아니다. 진짜 내가 원하는 것을 찾고 아주 작은 것 하나라도 실제로 해 보면서 진정으로 깨닫게 된 것이다.

내 것에 집중하면 나의 성장이 스스로 느껴진다. 다른 사람과 외부의 기준에 따른 성과를 좇는 것은 눈에는 보였지만 나의 성장으로는 느껴지지 않는다. 애초에 내가 정한 기준과 목표가 아니기 때문이다. 아무리 대단하고 남들이 부러워하는 성과를 이루었다고 해도 금세 허무해지고 순간적인 쾌락을 좇아 시간을 허비하기도 한다.

나의 성장은 밖으로 보이는 성과와는 조금 다르다. 밖으로 보이는 성과가 다른 이들에 비해 더디게 보일지라도 그 안에서 본인이 느끼는 성장의 폭은 완전히 다르기 때문이다. 다른 이들이 알지 못하는 사이 성장의 경험을 충분히 하고 나면 더 큰 보폭으로 한 걸음씩 성큼성큼 나아가게 된다. 내가 정한 방향과 목표를 향해 움직이고 있기 때문이다.

이런 이들에게 직장 생활은 자신의 성장을 위한 수단이다. 월요병이라는 의미는 더 이상 존재하지 않는다. 내가 원하는 것에 집중했을 때 나에게 모든 요일은 '나'요일이 된다. 당장 지금의 직장을 그만두라는 의미가 아니다. 직장 생활이 아니라도 내가 원하는 것을 날마다 조금씩 할 수 있다면 요일의 의미는 완전히 달라진다.

날마다 내가 원하는 일을 할 수 있는 시간대나 그 양은 달랐지만, 크게 보면 내 것에 집중한 하루하루일 뿐이다. 어떤 때는 두 시간 만에도 원하는 만큼의 글을 쓰고 마음을 털어 낼 수도 있었고, 어떤 때는 하루 종일이 걸리기도 했다. 효율이나 가성비로 따질 수 없는 가치다. 나에게 모든 순간은 그 자체만으로 유일한 가치이기 때문이다.

직장 생활 때문에 월요병이 있는 것이 아니다. 직장인이라서 월요병을 안고 살아야 하는 것도 아니다. 직장인이어도 괜찮다. 어김없이 반복되는 월요일도 괜찮다. 이제 나는 어떤 요일이 사라져도 두려워할 필요가 없게 되었다. 월화수목금금금이 되든 월월월월월월월이 되든 크게 상관없다. 직장 생활이, 직장인이라는 타이틀이 나를 더 이상 지배하기 못하기 때문이다. 내가 원하는 것은 내가 결정하고 하나씩 시작하면 된다. 아주 작은 것부터라도 할 수 있다. 나만의 속도로 앞으로 나아가기만 하면 된다.

세상이 정해 놓은 성과에 목매면 목이 매인다. 내 안의 내가 원하는 성장에 집중하고 그 느낌부터 찾자. 흔해 빠진 뻔한 복제품이 아니다. 직접 내 손에 붓을 쥐고 나만의 그림, 세상에 단 하나밖에 없는 그림, 수채화든 유화든 추상화든 내가 직접 그린 것이면 충분하다. 이제 우리는 세상이 정해 놓은 달력에 지배받지 않는 '나요일'을 살자.